Dr. Sandra Hohmann

Deutsch intensiv

Schreiben B2
Berufsbezogene Themen und Textsorten
Das Training.

Ernst Klett Sprachen
Stuttgart

1. Auflage 1 ⁵ ⁴ ³ ² ¹ | 2023 22 21 20 19

Alle Drucke dieser Auflage sind unverändert und können im Unterricht nebeneinander verwendet werden. Die letzte Zahl bezeichnet das Jahr des Druckes. Das Werk und seine Teile sind urheberrechtlich geschützt. Jede Nutzung in anderen als den gesetzlich zugelassenen Fällen bedarf der vorherigen schriftlichen Einwilligung des Verlags.

© Ernst Klett Sprachen GmbH, Rotebühlstraße 77, 70178 Stuttgart 2019
Alle Rechte vorbehalten.
www.klett-sprachen.de

Autorin: Dr. Sandra Hohmann

Redaktion: Susanne Schindler
Redaktionelle Mitarbeit: Verena Beltz
Layoutkonzeption: Greta Gröttrup
Gestaltung und Satz: Datagroup Int, Timișoara
Umschlaggestaltung: Greta Gröttrup
Titelbild: iStockphoto, Calgary, Alberta: BartekSzewczyk
Druck und Bindung: Medienhaus Plump GmbH, Rheinbreitbach

Printed in Germany

ISBN 978-3-12-675044-8

Vorwort

Liebe Lernende, liebe Kursleitende,

mit dem Intensivtrainer „Schreiben B2" stehen Ihnen bzw. Ihren Kursteilnehmenden Informationen und Übungen zu unterschiedlichen **berufsbezogenen Textsorten** zur Verfügung, mit deren Hilfe Sie gezielt das Schreiben trainieren können. Das Material ist so konzipiert, dass man es sowohl allein als auch in einem (berufsbezogenen) Deutschkurs benutzen kann.

Wir empfehlen Ihnen, zuerst Kapitel A durchzuarbeiten. Hier werden **grundlegende Kenntnisse** zum Schreiben von Geschäftsbriefen, E-Mails und Notizen und allgemein zum Schreiben im beruflichen Kontext wiederholt, auf die im weiteren Verlauf immer wieder Bezug genommen wird.

Anschließend bietet der Schreibtrainer neben der linearen Bearbeitung der Kapitel (von B bis G) auch die Möglichkeit, gezielt einzelne Textsorten bzw. Situationen und Schreibanlässe zu üben – sowohl für die Anwendung in Alltag und Beruf als auch für die Prüfungsvorbereitung. Das **Inhaltsverzeichnis** (S. 5) hilft Ihnen dabei, einzelne Themen oder Situationen zu finden.

Speziell zur **Prüfungsvorbereitung** bietet Kapitel H exemplarische Aufgaben, wie sie im Prüfungsteil „Schreiben" der berufsbezogenen Prüfungen (B1-B2, B2+ und B2-C1) zu finden sind. Die **Lösungen** zu allen Aufgaben finden Sie am Ende dieses Schreibtrainers (ab S. 83).

Je nachdem, zu welchem Zweck Sie üben, empfehlen wir, die Schreibaufgaben entweder direkt im jeweiligen Medium (Smartphone, E-Mail, Textverarbeitung …) oder handschriftlich zu lösen. Das Schreiben im jeweiligen Medium kommt der realen Situation näher: So können Sie gezielter trainieren, auf dem „passenden" Gerät bzw. in dem „passenden" Programm zu schreiben. Das Lösen mit Stift und Papier ist hingegen vor allem zur Vorbereitung auf eine Prüfung empfehlenswert, denn in der Prüfung müssen Sie auch von Hand schreiben.

Das Buch enthält außerdem Checklisten und Tipps.

In den Checklisten werden die wichtigsten Merkmale der Textsorten zusammengefasst bzw. wiederholt. Mit ihrer Hilfe können Sie Ihre eigenen Texte kontrollieren und überarbeiten.

In den Tipps finden Sie zusätzliche Informationen, z. B. zu einzelnen Aspekten einer Textsorte oder zur praktischen Anwendung.

Viel Erfolg in Alltag und Beruf wünschen Ihnen
Autorin, Redaktion und Ihr Ernst Klett Sprachen Verlag

Inhalt

A **Schriftliche Kommunikation: Grundlagen** 6
- 1 Brief, E-Mail und Notiz 6
- 2 Formell oder informell? 10

B **Bewerbung und Einstellung** 13
- 3 Online-Profil 13
- 4 Tabellarischer Lebenslauf 16
- 5 Bewerbungsschreiben 19
- 6 Vor und nach dem Vorstellungsgespräch 24

C **Interne Kommunikation am Arbeitsplatz** 26
- 7 Schreiben an Kollegen und Vorgesetzte 26
- 8 Telefonnotiz 28
- 9 Aufforderung, Bitte und Anfrage 29
- 10 Termine organisieren 31

D **Kommunikation in Arbeitsprozessen** 32
- 11 Tagesordnung 32
- 12 Protokoll 33
- 13 Folien für Präsentationen 34
- 14 Diskussionsvorlage 36
- 15 Bericht 38
- 16 Schaubild und Diagramm 39

E **Probleme in der Firma** 40
- 17 Probleme formulieren 40
- 18 Auf Probleme reagieren 44
- 19 Abmahnung 46

F **Kommunikation mit Geschäftspartnern und Kunden** 48
- 20 Anfrage 48
- 21 Informieren 51
- 22 Termine 54
- 23 Reservierungen 56
- 24 Angebote 57
- 25 Zahlungserinnerung / Mahnung 62
- 26 Reklamation 63

G **Kommunikation mit Ämtern, Behörden und Versicherungen** 65
- 27 Schreiben an Ämter und Behörden 65
- 28 Schreiben an Versicherungen 68
- 29 Einspruch einlegen 70

H **Prüfungstraining** 71
- 30 Prüfungsaufgaben Schreiben B2+ Beruf 71
- 31 Prüfungsaufgaben Schreiben B1-B2 Beruf 77
- 32 Prüfungsaufgaben Schreiben B2-C1 Beruf 79

I **Anhang** 83
- 33 Lösungen 83

A SCHRIFTLICHE KOMMUNIKATION: GRUNDLAGEN

1 Brief, E-Mail und Notiz

1 Brief, E-Mail, Notiz? Was passt zu den Situationen? Kreuzen Sie an. Es können mehrere Antworten richtig sein.

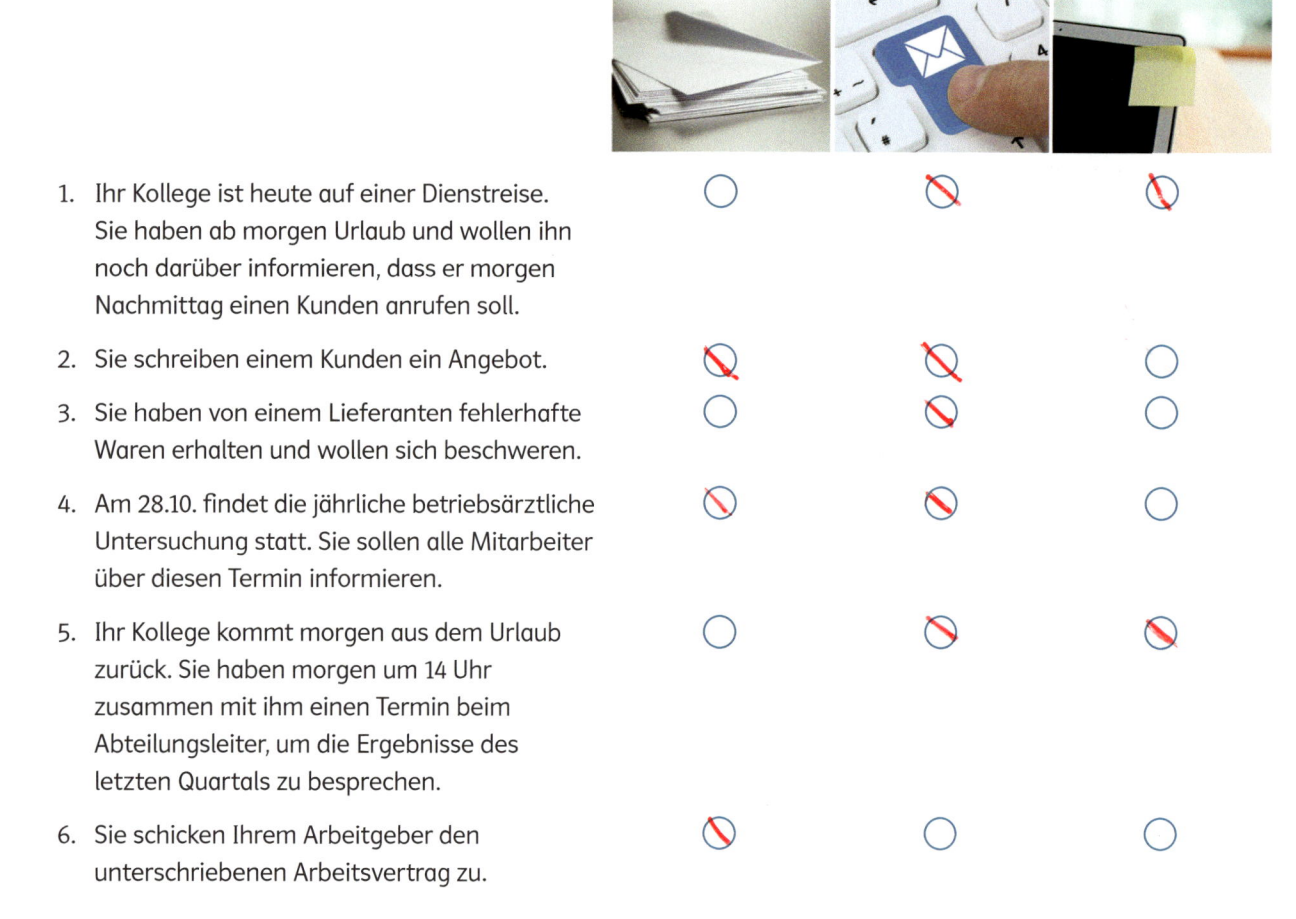

	Brief	E-Mail	Notiz
1. Ihr Kollege ist heute auf einer Dienstreise. Sie haben ab morgen Urlaub und wollen ihn noch darüber informieren, dass er morgen Nachmittag einen Kunden anrufen soll.	⊘	⊘	⊘
2. Sie schreiben einem Kunden ein Angebot.	⊘	⊘	○
3. Sie haben von einem Lieferanten fehlerhafte Waren erhalten und wollen sich beschweren.	○	○	○
4. Am 28.10. findet die jährliche betriebsärztliche Untersuchung statt. Sie sollen alle Mitarbeiter über diesen Termin informieren.	⊘	⊘	○
5. Ihr Kollege kommt morgen aus dem Urlaub zurück. Sie haben morgen um 14 Uhr zusammen mit ihm einen Termin beim Abteilungsleiter, um die Ergebnisse des letzten Quartals zu besprechen.	○	⊘	⊘
6. Sie schicken Ihrem Arbeitgeber den unterschriebenen Arbeitsvertrag zu.	⊘	○	○

2 Texte schreiben. Was passt zusammen? Ordnen Sie zu.

1. Gruß — __4__ a) Sie formulieren höflich, dass (und bis wann) Sie eine Reaktion auf Ihre E-Mail oder Ihren Brief erwarten.

2. Betreff — __1__ b) Das steht am Ende eines Briefs oder einer E-Mail, manchmal auch einer Notiz. Anschließend unterschreiben Sie noch.

3. Anrede — __5__ c) Sie schreiben, auf welche E-Mail bzw. welchen Brief oder welches Gespräch Sie sich beziehen.

4. Bitte um Antwort — __2__ d) Das ist das Thema der E-Mail oder des Briefs. Es ist kein vollständiger Satz.

5. Bezug auf ein Schreiben, Telefonat o.Ä. — __3__ e) Damit beginnen Sie einen Brief oder eine E-Mail. Sie sprechen den Adressaten persönlich an. Wenn Sie den Namen nicht kennen, benutzen Sie einen bestimmten Standard.

Brief, E-Mail und Notiz   A1

3 Ordnen Sie die Elemente des Geschäftsbriefs zu.

[Absender • Absatz • Anrede • Anschrift • Betreff • Gruß • Ort und Datum • Unterschrift]

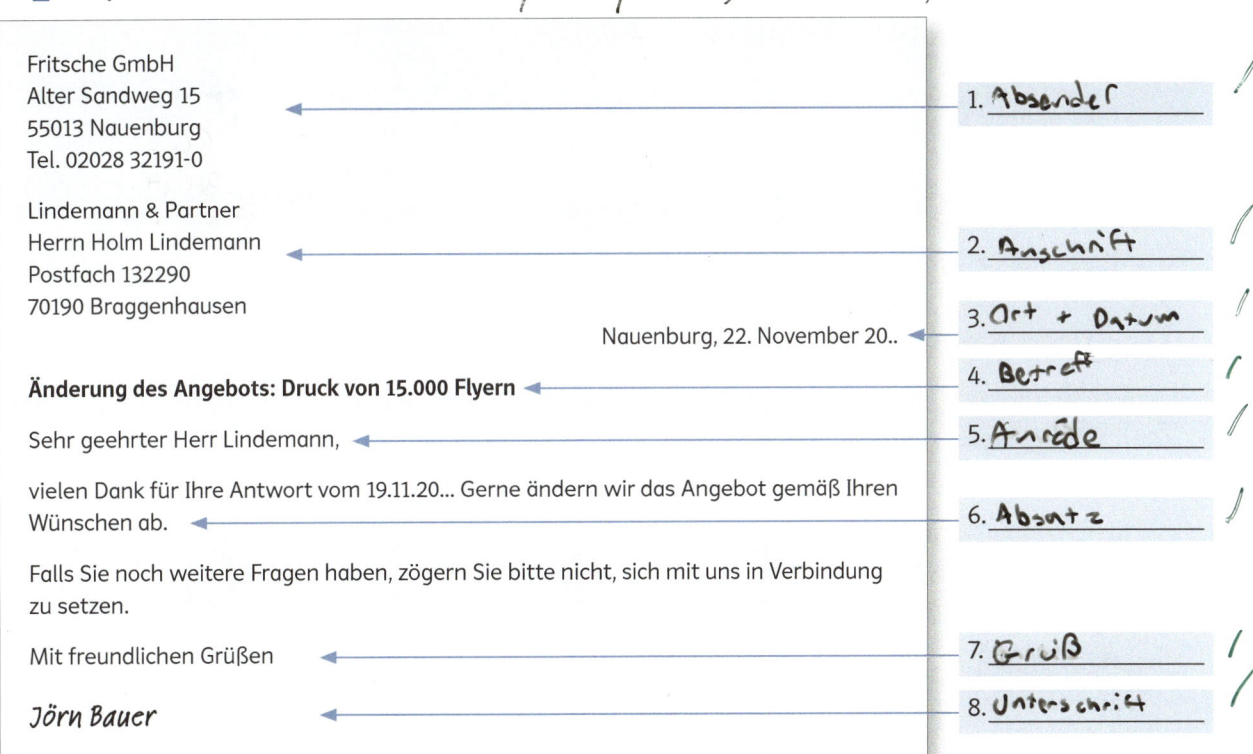

1. Absender
2. Anschrift
3. Ort + Datum
4. Betreff
5. Anrede
6. Absatz
7. Gruß
8. Unterschrift

4 Ergänzen Sie die Checkliste.

[handschriftliche • klein • Leerzeile • Komma • Kugelschreiber • Grußformel • Betreff • Datum • Absätze]

Checkliste: Geschäftsbrief

- ✓ Ort und (1) __Datum__ angeben, z. B. München, 5. März 20..
- ✓ (2) __Betreff__: über der Anrede in Fettschrift
- ✓ (3) __Leerzeile__ nach der Anrede und vor dem Gruß
- ✓ nach der Anrede ein (4) __Komma__ setzen, danach (5) __klein__ weiterschreiben
- ✓ einen längeren Text in mehrere (6) __Absätze__ unterteilen
- ✓ (7) __Grußformel__: Mit freundlichen Grüßen, danach kein Komma
- ✓ (8) __Handschriftliche__ Unterschrift mit (9) __Kugelschreiber__ oder Füller

TIPP Die Gestaltung eines Geschäftsbriefs ist in Deutschland durch die Norm DIN 5008 geregelt. Dort finden Sie weitere Informationen.

7

A 1 Brief, E-Mail und Notiz

5 Ordnen Sie die Elemente der E-Mail zu.

[Signatur • cc • Gruß • Absender • Betreff • Empfänger • Anrede • Absatz]

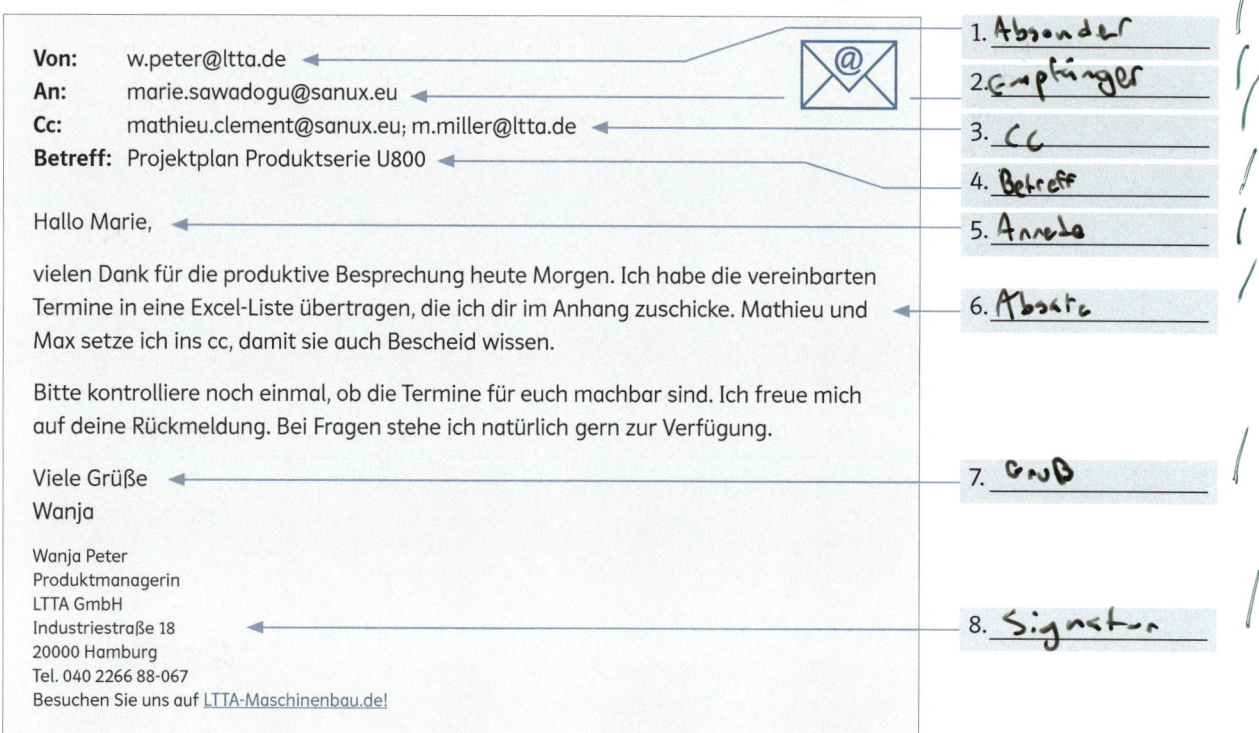

1. Absender
2. Empfänger
3. cc
4. Betreff
5. Anrede
6. Absatz
7. Gruß
8. Signatur

6 Ergänzen Sie die Checkliste.

[Postanschrift • danach • aussagekräftig • unterteilen • Signatur • Nachname • Anhänge • Grußformel • Sätzen • verwenden]

Checkliste: Geschäftliche E-Mail

✓ Betreff: kurz und (1) aussagekräftig

✓ Komma nach der Anrede, (2) danach eine Leerzeile

✓ längere Texte in mehrere Absätze (3) unterteilen

✓ sachlich, höflich und in ganzen (4) Sätzen schreiben

✓ keine Emoticons (z. B. ☺) (5) verwenden

✓ im Text auf (6) Anhänge hinweisen („Im Anhang finden Sie …")

✓ vor der (7) Grußformel : Leerzeile

✓ nach der Grußformel: Vor- und (8) Nachname

✓ in der (9) Signatur : wichtige Kontaktdaten (z. B. Telefonnummer, (10) Postanschrift)

Brief, E-Mail und Notiz A 1

7 Ergänzen Sie die fehlenden Elemente und schreiben Sie die E-Mail in der richtigen Reihenfolge.

[Ich schlage als Ersatztermin Mittwoch, den 3. Februar, vor. • da mehrere Kolleginnen und Kollegen bis einschließlich Dienstag auf einer Fortbildung sind. • team-produktion@wea-gmbh.de • ob euch der neue Team passt. • leider kann unsere Teambesprechung am kommenden Montag nicht stattfinden, • Termin Teambesprechung • Vielen Dank im Voraus! • Uhrzeit und Dauer wären so wie immer (ab 10 Uhr, ca. 1 Stunde). • Gebt mir doch bitte kurz Bescheid,]

Von: a.dimitrios@wea-gmbh.de
An: (1)_____
Betreff: (2)_____

Liebe Kolleginnen und Kollegen,
(3)_____
_____
_____
_____
_____

Viele Grüße
Alexandros

8 Schreiben Sie die Notiz in der richtigen Reihenfolge.

[Kannst du bitte unsere aktuellen Zahlen an Frau Mayer senden? • Danke! • Bis 14 Uhr wäre super. • bin Fr nicht im Büro.]

9 Ergänzen Sie die Checkliste.

[Telefon • sichtbar • Stichworte • höflich • Anrede • Wichtigste]

Checkliste: Notiz an Kollegen

✓ nur das (1) _Wichtigste_____ notieren
✓ (2) _Stichworte_____ statt Sätze möglich
✓ (3) _Anrede_____ und Gruß können weggelassen werden
✓ trotzdem (4) _höflich_____ formulieren: „bitte" und „danke" nicht vergessen
✓ die Notiz gut (5) _sichtbar_____ befestigen, z. B. am Computerbildschirm oder am (6) _Telefon_

2 Formell oder informell?

1 Duzen oder siezen sich die Personen? Kreuzen Sie an. Manchmal ist beides möglich.

	per Du	per Sie
1. Vorgesetzter und neuer Mitarbeiter in einer Bank	○	○
2. Langjährige Kundin einer Versicherung und Versicherungsmitarbeiter	○	○
3. Zwei Kolleginnen, die sich auch oft in der Freizeit verabreden	○	✗
4. Zwei Teamleiter bei einem großen Lebensmittelproduzenten	✗	○
5. Ein möglicher neuer Kunde (Firma), der eine Anfrage an Sie richtet	○	○
6. Eine Erzieherin im Kindergarten und die Eltern der Kinder	○	○

2 Lesen Sie die E-Mail und korrigieren Sie die Groß- und Kleinschreibung.

Sehr geehrter Herr Schneider,

vielen Dank für ihre Anfrage. Leider habe ich sie telefonisch nicht erreicht, daher gebe ich ihnen nun zunächst per E-Mail eine Rückmeldung.

Gerne führen wir ihren Umzug im kommenden Monat durch. Damit wir ein verbindliches Angebot für Sie erstellen können, sollte einer unserer Mitarbeiter die Räume vorab besichtigen, um sie ausmessen und so das Volumen ihres Umzugsguts berechnen zu können. Außerdem hatten sie erwähnt, dass sie auch eine Garage haben – soll sie auch ins Angebot aufgenommen werden?

Eine ihrer Nachbarinnen hat uns gebeten, ihren Umzug ebenfalls durchzuführen – falls sie wünschen, können wir gern ein gemeinsames Angebot erstellen.

Könnten sie sich bitte mit uns in Verbindung setzen, um einen Termin abzusprechen? Selbstverständlich entstehen ihnen durch den Termin keine Kosten.
Ich danke ihnen sehr herzlich im Voraus!

Mit freundlichen Grüßen
i.A. Renate Kovas

Perfekt Umzüge GmbH

TIPP per Sie: Alle Anredepronomen, also die Pronomen, mit denen Sie den Adressaten anreden, werden großgeschrieben (Sie, Ihnen, Ihre …).

per Du: Hier ist sowohl die Groß- als auch die Kleinschreibung der Anredepronomen richtig. Allerdings sollten Sie in einem Schreiben durchgehend entweder die Großschreibung oder die Kleinschreibung verwenden.

Formell oder informell? A 2

3 Welche Anrede bzw. welcher Gruß passt zu welchem Adressaten? Ordnen Sie zu. Einige Anrede-/Grußformeln passen mehrfach.

a) Sehr geehrte Damen und Herren,
b) Hi ...!
c) Sehr geehrter Herr ..., / Sehr geehrte Frau ...,
d) Liebe Frau ..., / Lieber Herr ...,
e) Hallo ...!
f) Guten Morgen Frau ...,
g) Viele Grüße
h) Mit freundlichen Grüßen
i) Gruß
j) Bis bald!
k) Liebe Grüße
l) Herzliche Grüße

1. neuer Kunde/Kundin:
2. Vorgesetzte/r:
3. Kollege/Kollegin:
4. Behörde/Amt:

TIPP Welche Anreden und Grußformeln in der Kommunikation mit Kunden, aber auch Vorgesetzten üblich sind, hängt auch von der Branche ab. Fragen Sie im Zweifelsfall bei Kollegen nach. Bei informellen Texten – z. B. unter befreundeten Kollegen – sind zahlreiche Anrede- und Grußformeln möglich und üblich. Wenn Sie sich nicht sicher sind, verwenden Sie einfach dieselben Formeln wie Ihre Kollegen.

TIPP Verwenden Sie „Sehr geehrte Damen und Herren" nur, wenn Sie keinen persönlichen Ansprechpartner haben.

4 Korrigieren Sie die Anrede und/oder den Gruß. Manchmal gibt es mehrere Möglichkeiten.

Situation		richtig
1. E-Mail an einen befreundeten Kollegen	Sehr geehrter Tobias, wie geht's dir? ... Mit freundlichen Grüßen	
2. E-Mail an den Vorgesetzten	Hallo Herr Weiß, anbei sende ich Ihnen ... Ganz liebe Grüße	
3. Brief ans Finanzamt	Guten Morgen Herr Eich! Das gewünschte Formular ... Bis bald	
4. Notiz an Kollegin	Sehr geehrte Frau Rück, hier das neue Passwort ... Gruß	
5. Brief an Kunden	Liebe Damen und Herren, unser Angebot vom ... Herzliche Grüße	

A 2 Formell oder informell?

5 Umgangssprache (U) oder Standardsprache (S)? Kreuzen Sie an.

		U	S
a)	… ist heute weg.	✗	○
b)	Leider ist … heute außer Haus.	○	✗
c)	Es war heute viel zu erledigen.	○	✗
d)	Hier war total viel los.	✗	○
e)	Geben Sie doch bitte umgehend Bescheid, ob der Termin passt.	○	✗
f)	Gib bitte ganz fix Bescheid.	✗	○
g)	An dem Termin kann ich echt nicht.	✗	○
h)	Leider müssen wir den Termin verschieben.	○	✗
i)	…, ob Ihnen der Termin passt.	○	✗
j)	… ob der Termin so o.k. ist.	✗	○
k)	Abgemacht!	✗	○
l)	Dann halten wir den Termin fest.	○	✗

6 Ergänzen Sie die E-Mails mit passenden Wörtern bzw. Ausdrücken aus Aufgabe 5.

Liebe Frau Maslowa,

zu Ihrer Anfrage kann ich von Herrn Timm heute keine Antwort erhalten, denn
(1) _er ist heute weg_. Bezüglich des Besprechungstermins kann ich Ihnen aber bereits eine Antwort geben: (2) _Leider müssen wir den Termin verschieben_. Stattdessen würden wir den kommenden Mittwoch um 15 Uhr vorschlagen. Ich weiß, dass das sehr kurzfristig ist, aber ich hoffe auf Ihr Verständnis. (3) _Geben Sie bitte umgehend_. Vielen Dank im Voraus.

Beste Grüße
Jutta Berg

Lieber Marco,

ich hatte noch keine Gelegenheit zu antworten. (4) _Heute war total viel los_
Also: Du hast Mittwoch um 14 Uhr vorgeschlagen. Aber: (5) _leider bin ich außer Haus_
Wie wäre es stattdessen mit Donnerstag um 10? Ich müsste den Termin möglichst schnell hier eintragen.
(6) _Es ist wicht!_ Danke dir im Voraus!

Viele Grüße
Jewgenij

---

7 Entscheiden Sie, zu welcher Situation eine formelle und zu welcher eine informelle E-Mail passt. Schreiben Sie zu jeder Situation eine kurze E-Mail in Ihr Heft.

a) Sie sind mit Ihrer Teamleiterin Nina Moore am Donnerstag zum Mittagessen verabredet. Nun haben Sie Donnerstagmittag jedoch kurzfristig einen Arzttermin bekommen. Sie möchten das Mittagessen auf einen anderen Tag verschieben.

b) Sie sind morgen Vormittag mit Jurek Olbas aus dem Sportverein zu einem Bummel über den Flohmarkt verabredet, aber Sie haben Zahnschmerzen bekommen und müssen vormittags dringend zum Zahnarzt. Am Nachmittag hätten Sie aber Zeit.

BEWERBUNG UND EINSTELLUNG B

3 Online-Profil

1 Ergänzen Sie die Begriffe.

[Ausbildung • Beruf • Berufserfahrung • Kompetenzen • Name • Stärken]

1000berufsprofile – Das profess
www.1000berufsprofile.eu

Nachricht schreiben
Kontaktdaten
176 Kontakte

(1) _____: Yun-Ju Wang
(2) _____: Reiseführerin, Beraterin

(3) _____: Studium Deutsch und Chinesisch (Universität Peking)
(4) _____: Reiseleiterin für Deutsche in China und für Chinesen in Deutschland, Unternehmensberaterin (deutsch-chinesische Geschäftsbeziehungen)
(5) _____: Chinesisch (Muttersprache), Deutsch (C2), Englisch (B2), Fortbildung „Chinesisch unterrichten" (Konfuzius-Institut), Fortbildung „Interkulturelle Kommunikation" (Goethe-Institut)
(6) _____: zuverlässig, flexibel, arbeite gerne im Team

2 Ergänzen Sie die Checkliste.

[Ausbildung • Fähigkeiten • Stärken • Stichpunkten • Zusatzqualifikationen]

Checkliste: Online-Profil

✓ in (1) _____ schreiben
✓ die beruflichen Qualifikationen ((2) _____ / Studium o. Ä.) aufzählen
✓ Kompetenzen wie (3) _____ (z. B. Weiterbildungen), aber auch (4) _____ in bestimmten Arbeitsbereichen (z. B. Planung von Veranstaltungen)
✓ (5) _____ nicht vergessen: persönliche Eigenschaften, die im Beruf wichtig sind

3 Was gehört zu Ausbildung (A), Kompetenzen (K), Stärken (S)? Was gehört nicht in ein Bewerberprofil (X)? Ordnen Sie zu.

____ Zuverlässigkeit   ____ abgeschlossenes Studium (B.A.) zum Kommunikationsdesigner   ____ Teamfähigkeit   ____ MS-Office (sehr gut)   ____ Tennis (sehr gut)   ____ Pünktlichkeit   ____ 3-monatige Zusatzqualifikation: Mitarbeiterführung (A&Z Akademie)   ____ Flexibilität   ____ Stenografie (gut)   ____ Vorliebe für indisches Essen   ____ Englisch (verhandlungssicher)   ____ schwarzer Humor   ____ langjährige Erfahrungen im Projektmanagement   ____ Ausbildung zur Mechatronikerin   ____ großer Freundeskreis

B 3 Online-Profil

4 Lesen Sie das Online-Profil und ergänzen Sie.

> zuverlässig • zertifizierter Mediator (VHS Neustadt) • Ausbildung zum Frisör • Organisation/Planung von Abläufen • Studium der Mathematik und Informatik (B.A.) • Erfahrung als Teamleiter in einer großen Versicherung • flexibel • Spanisch (C1)

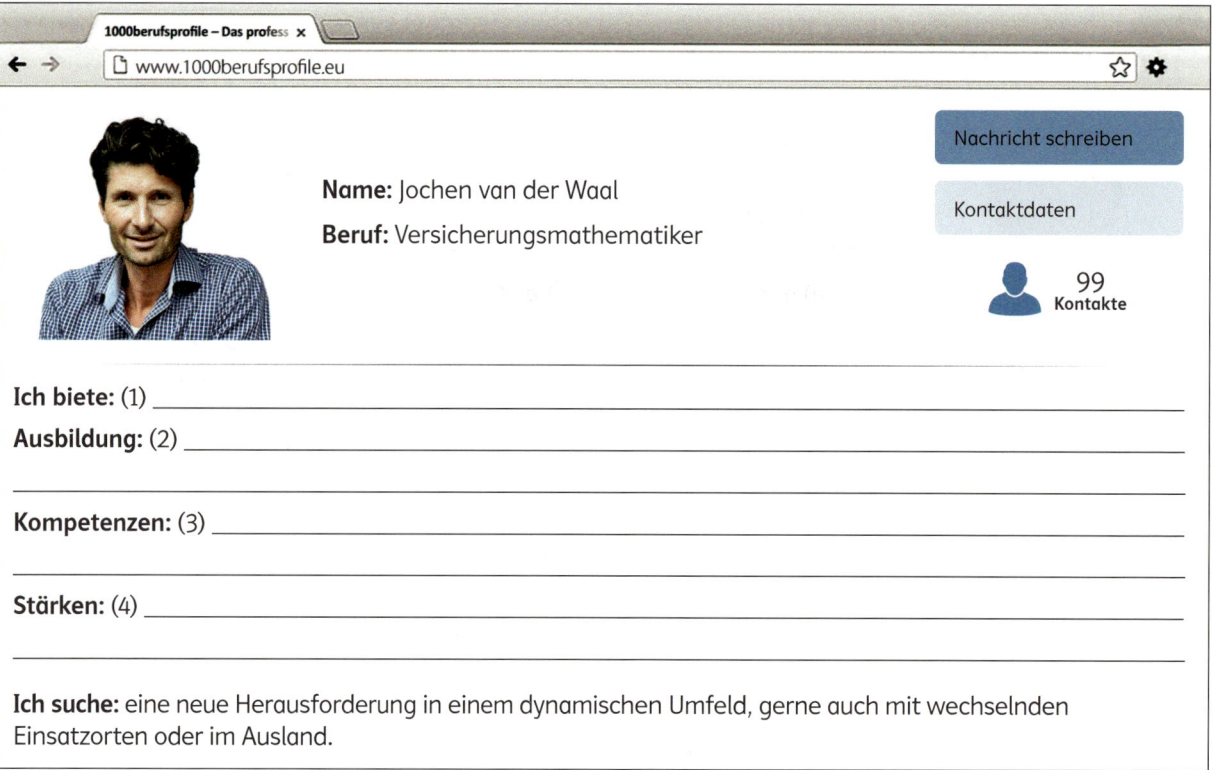

5 Ergänzen Sie das Profil mit Ihren Informationen.

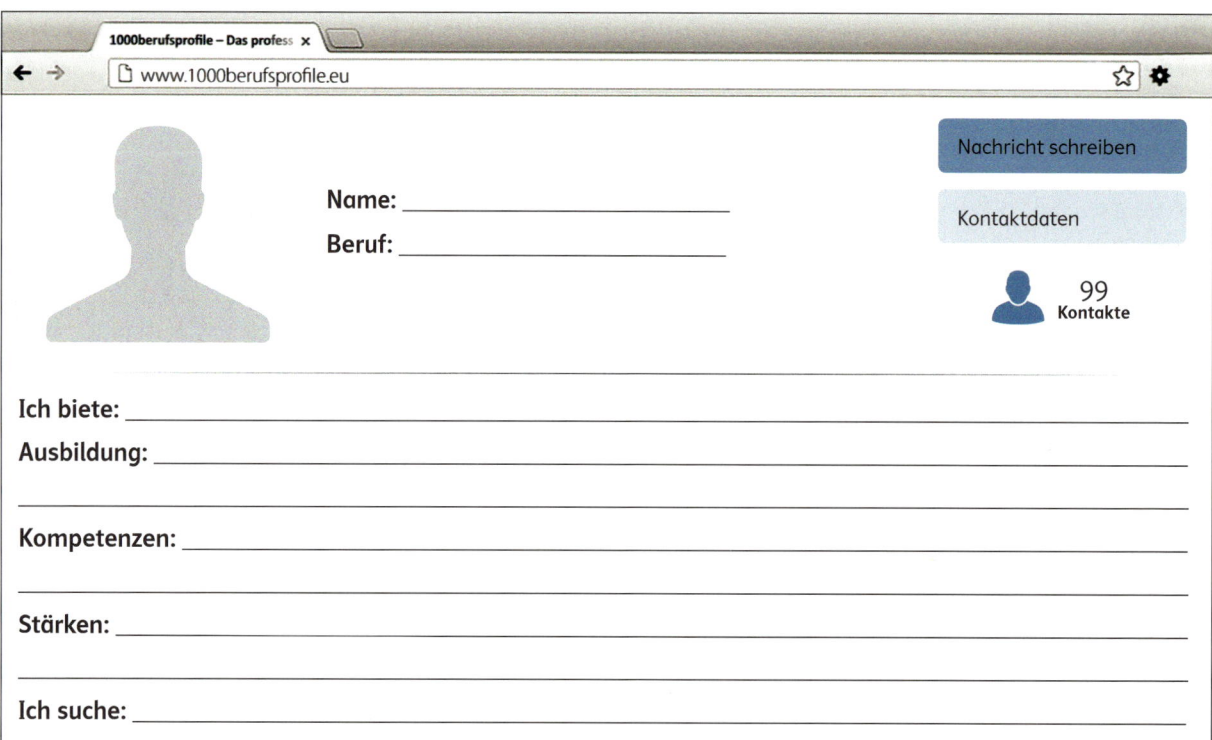

6 Ein Stellengesuch schreiben. Was passt? Kreuzen Sie an.

Stellengesuch

Suche zum 1. Januar eine __1__ als Beraterin o.Ä. in einer renommierten Firma, die Geschäftsbeziehungen zu China __2__ oder erweitern will.

Neben meinen __3__ (Englisch auf Niveau B2, Fortbildung im Bereich __4__ Kommunikation) bringe ich Berufserfahrung als __5__ Unternehmensberaterin mit. Referenzen gerne auf __6__. Meine Stärken sind Zuverlässigkeit und __7__, arbeite gerne im __8__.

---

1 a) Mitarbeit
   b) Festanstellung

2 a) aufbauen
   b) aufmachen

3 a) Kompetenzen
   b) Stärken

4 a) interkulturelle
   b) interkulturellen

5 a) freie
   b) freier

6 a) Anfrage
   b) Angebot

7 a) Flexibilisierung
   b) Flexibilität

8 a) Team
   b) Teamarbeit

7 Ergänzen Sie die Checkliste.

[Nominalisierungen • Eintrittsdatum • Schwerpunkt • knapp]

Checkliste: Stellengesuch

✓ (1) _____ formulieren: Stichpunkte bzw. (2) _____ verwenden

✓ den (3) _____ auf berufsbezogene Kompetenzen legen

✓ die Stellenbezeichnung und das frühestmögliche (4) _____ nennen

8 Lesen Sie die Situation und die Stichpunkte und schreiben Sie ein Stellengesuch wie in Aufgabe 6.

Frau Wang sucht nun eine Stelle als Reiseleiterin in Deutschland. Sie kann ab dem 1. Mai anfangen und ist räumlich flexibel. Sie hat schon in dem Bereich gearbeitet (siehe Profil S. 13).
- was sucht sie?   - Kompetenzen?   - Berufserfahrung?
- ab wann?   - Stärken?

Stellengesuch

_____

_____

_____

4 Tabellarischer Lebenslauf

1 Ergänzen Sie den Lebenslauf.

Sprachen • Familienstand • Berufserfahrung • Computerkenntnisse • Ausbildung • Persönliche Daten • Mobil

Lebenslauf

(1) _____

Name: Boris Popow
Geboren am: 01.09.1992
Geboren in: Moskau
(2) _____: verheiratet
Nationalität: russisch
Anschrift: Kaiserplatz 8
67100 Neuburg
Telefon: 06011 23456
(3) _____: 0172 1234567
E-Mail: b.popow@neuburgermail.eu

(4) _____

seit 02/2016   Schürmann Großhandel KG, Neuburg
Kaufmännischer Angestellter
Rechnungskontierung, vorbereitende
Lohnbuchhaltung (DATEV), Korrespondenz
mit Steuerberater und Finanzamt

07/2015 – 01/2016   Arbeit suchend

(5) _____

07/2012 – 06/2015   Iwanow GmbH, Moskau
Ausbildung zum Bürokaufmann (Note: sehr gut)

1999 – 2010   Mittelschule Moskau
Abschluss: Abitur (2,6)

Kenntnisse

(6) _____: Russisch: Muttersprache
Deutsch: C1
Englisch: B1

(7) _____: MS Office: sehr gute Kenntnisse
SAP: gute Kenntnisse
DATEV: Grundkenntnisse

Neuburg, 16.12.20..   *Boris Popow*

TIPP Beginnen Sie bei den Sprachkenntnissen mit Ihrer Muttersprache. Die weiteren Sprachen ordnen Sie in der Reihenfolge des Sprachniveaus: Beginnen Sie mit der Sprache, die Sie am besten beherrschen. Geben Sie die Stufen des Europäischen Referenzrahmens an (A1, A2 …). Geben Sie auch an, wenn Sie eine entsprechende Sprachprüfung abgelegt haben (z. B. „DTZ B1").

2 Ergänzen Sie die Checkliste mithilfe des Lebenslaufs (Aufgabe 1).

[Datum • Daten • Abschnitte • Seiten • Bewerbungsfoto • aktuellste • Lebenslauf • Reihenfolge • Spalten • Sprachkenntnisse • Stichpunkten • Unterschrift]

Checkliste: Tabellarischer Lebenslauf

✓ Überschrift: (1) _____

✓ tabellarisch = in zwei (2) _____: links Überschriften und Zeitangaben, rechts Informationen

✓ Länge: 1-2 (3) _____

✓ Informationen in (4) _____ mit Überschrift einteilen: Persönliche (5) _____, Berufserfahrung, Studium/Ausbildung, Sonstige Kenntnisse. Bei Bedarf weitere Überschriften verwenden, z. B. (6) _____, Praktika, Computerkenntnisse (wenn für die Stelle relevant).

✓ (7) _____ der Abschnitte beachten

✓ antichronologische Reihenfolge: Angaben so sortieren, dass ganz oben der (8) _____ Eintrag steht

✓ Informationen in (9) _____ schreiben

✓ ein professionelles (10) _____ verwenden

✓ ganz unten: das aktuelle (11) _____ und Ihre (12) _____

TIPP Wenn Sie eine Bewerbungsmappe mit Deckblatt verwenden, kleben Sie das Foto auf das Deckblatt.

3 In welchen Abschnitt des Lebenslaufs gehören die Informationen? Kreuzen Sie an. Achtung: Einige Informationen gehören gar nicht in einen Lebenslauf.

	Persönliche Daten	Berufserfahrung	Ausbildung	Kompetenzen	gar nicht
1. Schulabschluss	○	○	○	○	○
2. Geburtsdatum und -ort	○	○	○	○	○
3. Studium	○	○	○	○	○
4. Nummer des Personalausweises	○	○	○	○	○
5. Praktikum	○	○	○	○	○
6. Fremdsprachenkenntnisse	○	○	○	○	○
7. Anschrift	○	○	○	○	○
8. abgeschlossene Berufsausbildung	○	○	○	○	○
9. Grund für die Beendigung der letzten Anstellung	○	○	○	○	○
10. Familienstand	○	○	○	○	○
11. Aufgaben bei früheren Arbeitsstellen	○	○	○	○	○
12. Namen der Eltern	○	○	○	○	○
13. Fortbildungen/ Weiterbildungen	○	○	○	○	○
14. vollständiger Name	○	○	○	○	○

B 4 Tabellarischer Lebenslauf

4 Lesen Sie die Aussagen der Personen und ergänzen Sie die Angaben.

Nach dem Abschluss meiner Ausbildung zur Köchin im Juli 2007 habe ich noch zwei weitere Jahre als Köchin in meinem Ausbildungsbetrieb, dem Restaurant „Sonne" in Sternburg, gearbeitet. Seit August 2009 bin ich als Küchenleiterin in der Kantine der Stadtverwaltung Sternburg tätig.

Berufserfahrung
seit 08/2009 (1)_____
_____,
Sternburg
(2)_____ Köchin
(3)_____
_____

Ausbildung
07/2004 – (4)_____ Ausbildung zur
(5)_____

Ich habe im Juli 2015 eine Ausbildung zum Erzieher begonnen, die ich im Juli 2018 abgeschlossen habe. Seit August 2018 arbeite ich in der Kita „Sonnenschein" hier in Köln. Die Kinder finden besonders toll, dass ich Gitarre und Querflöte spiele – wir machen eine Menge Musik zusammen.

Berufserfahrung
(6)_____ (7)_____
Kita Sonnenschein, (8)_____

Ausbildung
(9)_____ (10)_____
Fachschule für Pädagogik, Köln

Kenntnisse
Interessen: (11)_____
_____

Ich komme aus der Slowakei. Mein Studium der Ingenieurwissenschaften habe ich im Oktober 2010 an der Uni Bratislava begonnen und im April 2014 abgeschlossen. Seit November 2014 arbeite ich beim Autohersteller UV in Schafhausen als Ingenieurin. In der Zeit habe ich Polnisch gelernt. Da bin ich zwar erst auf Niveau B1, aber immerhin sind mein Deutsch und Englisch auf Niveau C1.

Berufserfahrung
(12)_____ (13)_____

Studium
(14)_____ (15)_____
_____

Sprachkenntnisse:
Slowakisch: (16)_____
(17)_____: (18)_____
Englisch: (19)_____
(20)_____: (21)_____

Ich habe fünf Jahre lang als Automechaniker in der Werkstatt meines Vaters Anthony Amadi gearbeitet. Das war in Abuja, in Nigeria. Hier in Deutschland habe ich einen Integrationskurs gemacht und die DTZ-Prüfung bestanden. Seit Mai 2019 arbeite ich als Kellner im Restaurant „Waldheim" in Kempten. Ich möchte gern eine Ausbildung zum Automechaniker machen.

Berufserfahrung
(22)_____: (23)_____
_____

2010-2015: (24)_____
_____
_____

Sprachkenntnisse
Hausa, Englisch: Muttersprachen
Deutsch: (25)_____

5 Schreiben Sie einen tabellarischen Lebenslauf für sich selbst am Computer. Kontrollieren Sie ihn mithilfe der Checkliste (S. 17).

5 Bewerbungsschreiben

1 Lesen Sie die Stellenanzeigen und ergänzen Sie die Notizen.

1.

Wir suchen Verstärkung für unseren Gartenbaubetrieb.

Sie sind **Gartenbauingenieur (m/w/d)**? Sie haben bereits mindestens zwei Jahre Berufserfahrung gesammelt und freuen sich auf neue Herausforderungen? Dann bewerben Sie sich bei uns. Es erwartet Sie eine abwechslungsreiche Tätigkeit in einem renommierten Familienunternehmen.

Die Position ist zum 1. September zu besetzen.

Senden Sie Ihre Bewerbung innerhalb von 14 Tagen an:
Junkers & Co.
Herrn Hermann Junkers
Daimlerallee 413
72134 Neuburg-Haslach

2.

Wir suchen frühestmöglich, spätestens aber zum 1.10. einen engagierten, zuverlässigen

Büroleiter (m/w)

für unsere Niederlassung in Kerpen.

Wenn Sie eine kaufmännische Ausbildung abgeschlossen und bereits erste Erfahrung in einer leitenden Position gesammelt haben, würden wir Sie gerne kennenlernen.

Wünschenswert wären Kenntnisse in Englisch und Französisch.

Senden Sie Ihre vollständigen Unterlagen bis zum 15.6. an Frau Gerda Threu: g.threu@hanserlogistics.eu

3.

Die Wolfsohn KG ist ein weltweit operierendes Unternehmen der Lebensmittelindustrie.

Zum nächstmöglichen Termin besetzen wir eine Stelle als **Sachbearbeiter/in.**

Wir setzen eine Ausbildung im kaufmännischen Bereich voraus. Organisationstalent ist von Vorteil, ebenso Flexibilität hinsichtlich der Arbeitszeiten (ggf. Wochenende).

Herr Torsten Zumwinkel freut sich bis zum 30.6. auf Ihre Bewerbung: t.zumwinkel@wolfsohnkg.eu

	Anzeige 1	Anzeige 2	Anzeige 3
1. ab wann zu besetzen?	zum 1.9.		
2. Voraussetzungen?			
3. wünschenswert?			
4. Ansprechpartner/in?			
5. Bewerbungsfrist?			
6. wie bewerben? (per Post, per E-Mail)			

TIPP Wenn Sie in einer Bewerbung Ihre Qualifikationen und Kenntnisse nennen, sollten Sie sich immer auf die Punkte beziehen, die in der Stellenausschreibung gefordert werden. Diese sind für den zukünftigen Arbeitgeber am wichtigsten.

B 5 Bewerbungsschreiben

2 Ergänzen Sie das Bewerbungsschreiben. Nicht alle Wörter passen.

> abgewickelt • Arbeitsverhältnis • Aufgabenbereich • besucht • erfolgreich abgeschlossen • gemacht • gesammelt • Herausforderungen • Ihre o. g. Stellenausschreibung • Ihre Stelle • im Anschluss • in Ihre Firma • Tätigkeiten • zu einem persönlichen Gespräch

---

Abdul Basit
Hauptstraße 17
12888 Starkdorf
Tel. 03444 5276
E-Mail: abasit@starkdorfmail.eu

Zimmermann IT Systeme
Herrn Ben Lehmann
Am Kampe 2
12888 Kampfeld

Starkdorf, 17. Mai 20..

Ihre Stellenausschreibung im Online-Portal der Agentur für Arbeit: Buchhalter/in

Sehr geehrter Herr Lehmann,

mit großem Interesse habe ich (1) _____ gelesen und bewerbe mich hiermit um diese Position.

Meine Ausbildung zum Buchhalter habe ich im Juni 20.. bei der Franke & Söhne KG (2) _____ und dort auch (3) _____ bis zum 31.07.20.. in Vollzeit als Buchhalter gearbeitet.
Neben den üblichen (4) _____ (Buchführung, Kontierung u. a.) gehörte auch die vorbereitende Lohnbuchhaltung zu meinem (5) _____.
Einige Aufgaben wurden mithilfe von SAP (6) _____ und ich habe sowohl Fortbildungen zur Arbeit mit SAP (7) _____ als auch in der täglichen Arbeit Erfahrungen mit SAP (8) _____.
Leider musste die Franke & Söhne KG im Sommer 20.. Insolvenz anmelden und mein (9) _____ endete dementsprechend.
Nun freue ich mich auf neue (10) _____ und würde meine Erfahrungen und Kompetenzen sehr gerne in Ihr Unternehmen einbringen.

Über die Einladung (11) _____ würde ich mich sehr freuen.

Mit freundlichen Grüßen
Abdul Basit

3 Lesen Sie das Bewerbungsschreiben (Aufgabe 2) noch einmal und ergänzen Sie die Checkliste.

[Absätze • Betreff • die Stelle • Anschreiben • Seite • eine Einladung zum Vorstellungsgespräch • Gehaltsvorstellungen • die Stellenanzeige • unterschreiben • Eintrittsdatum • die Ausbildung / Qualifikation • Sätze • Emoticons]

Checkliste: Bewerbungsschreiben

Form und Stil

✓ Form, Anrede, Grußformel, Datum: wie ein Geschäftsbrief (s. Kapitel A)
✓ nicht mehr als eine (1) _____
✓ den Text in mehrere (2) _____ gliedern
✓ (3) _____ möglichst nicht mit „Ich" beginnen
✓ weder Kursiv-/Fettschrift noch (4) _____ verwenden
✓ mit vollem Namen (5) _____
✓ das (6) _____ zum Schluss sorgfältig Korrektur lesen

Inhalt

✓ (7) _____: genaue Bezeichnung der Stelle; wo haben Sie von der freien Stelle erfahren (Zeitung, Internet ...)?
✓ Absatz 1: Bezug auf (8) _____ nehmen
✓ Absatz 2: kurz (9) _____ zusammenfassen
✓ Absatz 3: beschreiben, warum man besonders geeignet für (10) _____ ist
✓ letzter Absatz: mögliches (11) _____ und (falls gefordert) (12) _____ nennen
✓ zum Schluss schreiben, dass man sich über (13) _____ freuen würde

TIPP Welche Voraussetzungen Sie für eine Stelle unbedingt brauchen (die sogenannten Muss-Qualifikationen) erkennen Sie an Ausdrücken wie „ wir setzen ... voraus", „ ist erforderlich" oder „ist notwendig". Kann-Qualifikationen sind hingegen Qualifikationen, die für eine Stelle gut, aber nicht unbedingt notwendig sind. Hier werden Formulierungen wie „ist wünschenswert", „ist ein Plus", oder „ist von Vorteil" verwendet.

4 Welche Funktionen haben die Wörter und Sätze (1–6)? Ordnen Sie zu.

1. Mit großem Interesse habe ich Ihre Stellenanzeige gelesen.
2. Meine Tätigkeiten umfassten ...
3. Durch meine langjährige Tätigkeit als ... verfüge ich über viel Erfahrung im Bereich ...
4. Mein nächstmöglicher Eintrittstermin ist der 1. Oktober.
5. Meine Gehaltsvorstellungen liegen bei 36.000 € brutto im Jahr.
6. Über die Einladung zu einem persönlichen Gespräch würde ich mich freuen.

____ a) um eine Einladung zum Vorstellungsgespräch bitten
____ b) Gehaltsvorstellungen nennen
____ c) mögliches Einstellungsdatum nennen
____ d) Interesse bekunden
____ e) bisherige Aufgaben beschreiben
____ f) Eignung beschreiben

B 5 Bewerbungsschreiben

5 Bringen Sie das Anschreiben in die richtige Reihenfolge.

____ Über die Einladung zu einem persönlichen Gespräch würde ich mich sehr freuen.

____ mit großem Interesse habe ich Ihre o. g. Stellenanzeige gelesen und bewerbe mich hiermit um diese Position.

____ Mit freundlichen Grüßen

____ Ich könnte die Stelle zum 15. April antreten. Hinsichtlich der Arbeitszeit bin ich flexibel und gerne bereit, auch am Wochenende zu arbeiten.

____ Rachel Smaland

____ Im Jahr 2009 habe ich meine Ausbildung zur Kauffrau im Groß- und Außenhandel bei der K&L GmbH mit der Note „sehr gut" abgeschlossen.

_1_ Sehr geehrter Herr Zumwinkel,

____ Von Vorteil im Umgang mit internationalen Kunden sind meine Sprachkenntnisse in Englisch (C1) und Spanisch (B2). Zu meinen Stärken zählen Teamfähigkeit, Organisationstalent und strukturiertes Arbeiten.

____ Auch in stressigen Situationen behalte ich den Überblick und setze Prioritäten.

____ Seitdem bin ich bei der Sasuki GmbH als kaufmännische Angestellte in der Export-Abteilung tätig. Meine Tätigkeiten umfassen die Buchhaltung für Wareneingänge und -ausgänge sowie die Ablage in diesem Bereich.

6 Welche Kompetenz passt zu welchem Beispiel? Ordnen Sie zu.

1. Ich arbeite sehr gern im Team.
2. Ich bin kommunikativ und kundenorientiert.
3. Zu meinen Stärken gehören Offenheit und Kritikfähigkeit.
4. Zuverlässigkeit und selbstständiges Arbeiten sind für mich eine Selbstverständlichkeit.
5. Belastbarkeit und Flexibilität gehören zu meinen Stärken.

____ a) Ich finde es wichtig, andere Meinungen zu hören und dazuzulernen.

____ b) Als Außendienstmitarbeiter habe ich meine Touren selbst geplant und durchgeführt.

____ c) Innerhalb kurzer Zeit habe ich mich in den Arbeitsbereich Auftragsannahme eingearbeitet.

____ d) Häufig bedanken sich die Kunden bei mir für die kompetente und freundliche Beratung.

____ e) Als Leiterin der Fußball-Abteilung im Sportverein bin ich die Ansprechpartnerin für alle Spieler und Trainer.

TIPP Wenn Sie im Anschreiben Ihre Soft Skills angeben, nennen Sie möglichst ein konkretes Beispiel, wo sie diese einsetzen konnten.

Bewerbungsschreiben B 5

7 Motivation und Erfahrung ausdrücken. Ergänzen Sie den Abschnitt aus einem Anschreiben.

[gängigen • abgeschlossen • verfüge • Freude • vertraut • einbringen • zweisprachig • begeistert]

Meine Ausbildung zur Kauffrau für Bürokommunikation habe ich im Jahr 2014 mit sehr guten Noten (1) _____. Ich bin (2) _____ (Deutsch und Chinesisch) aufgewachsen und (3) _____ außerdem über sehr gute Englisch- und Französischkenntnisse. Mich (4) _____ die Arbeit in einem internationalen Unternehmen und die mehrsprachige Korrespondenz mit Kunden macht mir viel (5) _____.
Mit den (6) _____ Computerprogrammen bin ich bestens (7) _____.
Meine Erfahrung würde ich sehr gern in Ihrem Unternehmen (8) _____.

8 Lesen Sie den Steckbrief und die Stichwörter und schreiben Sie ein Anschreiben zu Anzeige 1 aus Aufgabe 1 (Seite 19).

2003–2007: Studium Gartenbau an der Universität Osaka
2008–2010: Gartenbauingenieur bei Shogun Nature & Garden in Tokio
2011: Fortbildung „Steingärten" am Institut für Gartentechnik in Hamburg
2012–2017: Gartenbauingenieur bei der Stadt Rosendorf
Hobbys: mein Garten, Pflanzenzucht, Bonsai, Orchideen, Kakteen

[Studium mit Auszeichnung abgeschlossen – sieben Jahre Berufserfahrung – im Team arbeiten – auch in der Freizeit Beschäftigung mit Pflanzen – Freude auf neue Herausforderung – Stelle zum 1. September antreten]

_____
_____
_____
_____
_____
_____
_____
_____
_____

9 Verfassen Sie ein eigenes Anschreiben, z. B. zu Anzeige 2 oder 3 aus Aufgabe 1 (S. 19). Schreiben Sie in Ihr Heft oder am Computer.

6 Vor und nach dem Vorstellungsgespräch

1 Auf eine Einladung reagieren. Ergänzen Sie. Nicht alle Wörter passen.

Einladung • vertagen • Möglichkeit • bereits • Schade • verschieben • Antwort • Leider • noch nicht • im Voraus • außerdem

Betreff: Re: Einladung zum Vorstellungsgespräch

Sehr geehrte Frau Schneider,

ich freue mich sehr über Ihre Einladung zu einem Vorstellungsgespräch.
(1) _____ habe ich am 12. Juni nachmittags aber (2) _____ einen Termin für eine ambulante Operation. Gäbe es eventuell die (3) _____, das Vorstellungsgespräch auf den 11. oder 13. Juni zu (4) _____?
Ich danke Ihnen (5) _____ für Ihr Verständnis und freue mich auf Ihre (6) _____.

Mit freundlichen Grüßen
Mesfin Kebede

2 Welche zwei Redemittel passen jeweils? Kreuzen Sie an.

1. zusagen
   - a) Gerne bestätige ich den Termin am 5. Juni.
   - b) Gerne nehme ich den Termin am 5. Juni.
   - c) Gerne nehme ich den Termin am 5. Juni wahr.

2. absagen
   - a) Leider kann der Termin nicht stattfinden, da …
   - b) Leider bin ich zu diesem Termin verhindert, da …
   - c) Leider kann ich diesen Termin nicht wahrnehmen, da …

3. einen anderen Termin vorschlagen
   - a) Alternativ könnte ich am 23.05. ausweichen.
   - b) Als Ausweichtermin käme der 23.05. infrage.
   - c) Alternativ könnte ich den 23.05. anbieten.

4. eine Frage zur Anreise stellen
   - a) An welcher Haltestelle sollte ich am besten aussteigen?
   - b) Könnten Sie mir eine Wegbeschreibung zukommen lassen?
   - c) Wo komme ich am besten an?

5. nach der Übernahme der Reisekosten fragen
   - a) Wird die Übernahme der Reisekosten durch Ihre Firma stattfinden?
   - b) Könnten Sie mir kurz mitteilen, ob Ihre Firma die Reisekosten übernimmt?
   - c) Ist eine Übernahme der Reisekosten durch Ihre Firma vorgesehen?

Vor und nach dem Vorstellungsgespräch   B 6

3 Lesen Sie die E-Mail sowie die Notizen und schreiben Sie die Antworten ins Heft.

Betreff: Einladung zum Vorstellungsgespräch

Sehr geehrte Frau Chang,

wir danken Ihnen zunächst noch einmal für Ihre Bewerbung als Zahntechnikerin in unserem Labor. Ihre Bewerbung hat uns gut gefallen und wir würden Sie gerne persönlich kennenlernen. Wir schlagen als Termin für ein Vorstellungsgespräch den 29. November um 10.30 Uhr vor. Wir hoffen, dass Ihnen der Termin zusagt. Frau Karg wird Sie am Haupteingang unseres Labors abholen.
Für Rückfragen stehen wir selbstverständlich gerne zur Verfügung.

Mit freundlichen Grüßen
Peter Schulz
Laborleiter

a)
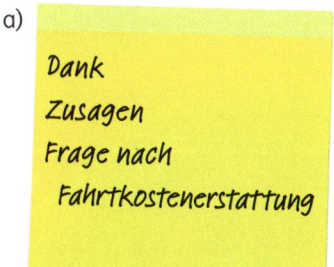

Dank
Zusagen
Frage nach
   Fahrtkostenerstattung

b)

Dank
an diesem Termin
im Urlaub
Termin 3 Tage später möglich?

4 Wie bleiben Sie nach dem Gespräch in Kontakt? Ergänzen Sie. Nicht alle Wörter passen.

[angenehme • antreten • dauernd • jederzeit • klar •machen • mehr • nochmals • oftmals
• selbstverständlich • weitere]

Sehr geehrte Frau Schulz,

(1) _____ vielen Dank für das sehr (2) _____ Gespräch gestern.
Für (3) _____ Rückfragen stehe ich (4) _____
(5) _____ zur Verfügung. Ich würde mich sehr freuen, wenn ich die Stelle bei Ihnen
(6) _____ dürfte.

Mit freundlichen Grüßen
João Sousa

5 Bringen Sie die Sätze der E-Mail in die richtige Reihenfolge.

____ a) Alessandro Alessi
____ b) Ich freue mich darauf, von Ihnen zu hören.
____ c) Sehr geehrte Frau Schneider,
____ d) Besonders Ihre Firmenphilosophie hinsichtlich Teamarbeit und Weiterbildung hat mich beeindruckt.
____ e) Mit freundlichen Grüßen
____ f) auf diesem Weg möchte ich mich für das informative Gespräch gestern Nachmittag bedanken.
____ g) Das Gespräch hat mich auch nochmals darin bestärkt, meine Kompetenzen und Kenntnisse in Ihrem Unternehmen einbringen zu wollen, da Ihre internationale Ausrichtung und die Spezialisierung im Bereich Logistik zukunftsweisend sind.

C INTERNE KOMMUNIKATION AM ARBEITSPLATZ

7 Schreiben an Kollegen und Vorgesetzte

1 Lesen Sie die Texte und ergänzen Sie.

> ca. 2 Stunden dauern • Hallo zusammen • liebe Kolleginnen und Kollegen • Mit besten Grüßen • VG • Wer könnte die Mittagspause verschieben und • Wer nicht teilnehmen kann • wg. • Wird ca. 1 Stunde dauern • zurückrufen

1. Bitte Hrn. Stamminger
(1) _____
(Mo o. Di 8–11 h)
(2) _____
neuer Police –> falsche Zusatzversicherung?
Kd.-Nr. 9012-NB

2. **Reinigungsservice Ismail**
Für Gruppeninfo hier tippen

Huda
(3) _____, wir haben für morgen um 12 Uhr einen kurzfristigen Auftrag bekommen, und zwar von einem Stammkunden (Fa. Unruh). (4) _____.
(5) _____
_____
_____
das übernehmen? Danke für eine kurze Antwort in dieser Gruppe! (6) _____
Huda

3. Sehr geehrte Damen und Herren,
(7) _____,
ich möchte mit dieser E-Mail nochmals an die bevorstehende Betriebsversammlung erinnern. Sie wird wie bereits angekündigt am 23. Juli ab 10 Uhr stattfinden und
(8) _____.
Da es um die bevorstehende Umstrukturierung innerhalb unserer Firma gehen wird, bittet die Geschäftsführung dringend darum, an der Versammlung teilzunehmen.
(9) _____, möge sich bitte kurz per E-Mail abmelden, damit wir bezüglich des Raums besser planen können. Vielen Dank vorab!

Bitte beachten Sie auch, dass das Thema und die Inhalte der Betriebsversammlung vertraulich sind.

(10) _____
Sami Abidi

2 Welche Nachricht passt zu welcher Situation? Ordnen Sie zu.

	1	2	3
a) Die Person arbeitet als Assistent der Geschäftsführung in einem großen Pharmaunternehmen.	○	○	○
b) Die Person ist selbstständig mit einem Reinigungsunternehmen. Ihre vier Mitarbeiter sind häufig bei Kunden unterwegs.	○	○	○
c) Die Person arbeitet bei einer Versicherung. Sie ist heute krank und ihr Kollege übernimmt ihre Vertretung.	○	○	○

TIPP Unter „interner Kommunikation" versteht man alle Schreiben, die für die Verwendung innerhalb eines Unternehmens verfasst werden, z. B. zwischen Kollegen oder zwischen Vorgesetzten und dem Team. Zur internen Kommunikation gehören Telefonnotizen, Kurzmitteilungen, Anfragen, Einladungen zu Veranstaltungen usw.

Schreiben an Kollegen und Vorgesetzte — C 7

3 Ergänzen Sie die Checkliste.

[Abkürzungen • Register • Textsorten • kollegial • Notiz]

Checkliste: Interne Kommunikation

✓ das (1) _____ an den Adressaten anpassen (z. B. förmlich, (2) _____)

✓ verschiedene (3) _____ möglich, z. B. (4) _____, Kurzmitteilung, E-Mail

✓ in Notizen und Kurzmitteilungen (5) _____ oder Symbole (z. B. Pfeile, Ausrufezeichen) verwenden, um Platz zu sparen

4 Wie kürzt man die Wörter ab? Ordnen Sie zu.

Art.   bzgl.   asap   Best.- Nr.   LG   Fr.
Hr.   Fa.   Hrn.   KW
wg.   o.   VG   o. Ä.   u. a.   usw.

1. _____ Frau
2. _____ Herr
3. _____ Herrn (Akkusativ/Dativ)
4. _____ Artikel
5. _____ Firma
6. _____ Kalenderwoche
7. _____ Bestellnummer
8. _____ und so weiter
9. _____ wegen
10. _____ unter anderem
11. _____ so schnell wie möglich
12. _____ oder Ähnliches
13. _____ oder
14. _____ bezüglich
15. _____ Liebe Grüße
16. _____ Viele Grüße

TIPP Auch im Deutschen werden manchmal Abkürzungen verwendet, die aus dem Englischen kommen, wie „asap" (engl. *as soon as possible* = so schnell wie möglich) oder „fyi" (engl. *for your information* = zu deiner/Ihrer Information).

TIPP Zur Angabe von Fristen verwendet man häufig die Angabe „Kalenderwoche" (KW).

5 Ergänzen Sie die passenden Abkürzungen aus Aufgabe 4.

Hallo Claudia,

habe heute (1) _____ des Auftrags für die neuen Prospekte ((2) _____ B132-88) mit (3) _____ Emili von (4) _____ Ebert-Medien gesprochen. Er liefert die Vorlage in (5) _____ 32 (6) _____ (7) _____ 33 und braucht dann (8) _____ eine Rückmeldung von uns.
Ich kümmere mich um den Vertrag (9) _____.

(10) _____
Sibel

8 Telefonnotiz

1 Ergänzen Sie die Telefonnotizen.

[zurückrufen • bis 17 Uhr • genannt • Anruf • morgen • zusenden • angerufen]

an Hrn. Stoer
Anruf Fr. Ceylan (10.30 Uhr),
bittet um Rückruf heute
(1) _____
069 2333 1023
(Anliegen nicht
(2) _____)

(3) _____
Hr. Thomcyk (1.4., 14.15 Uhr)
Bitte Infos zu unseren
Dienstleistungen p. Post
(4) _____

Fr. Dr. Jung hat
(5) _____
-> Unterlagen für neuen
Kopierer fehlen
Bitte bis
(6) _____,
12 Uhr (7) _____

2 Ergänzen Sie die Checkliste.

[bis wann • für wen • wann • wann • was • wer • worum]

Checkliste: Telefonnotiz

Notieren Sie,

(1) _____ angerufen hat (Name, ggf. Position, Telefonnummer),

(2) _____ der Anruf war (Datum/Uhrzeit),

(3) _____ es geht (Thema),

(4) _____ zu tun ist (Aufforderung, Bitte o. Ä.),

(5) _____ (Zeitraum) bzw. (6) _____ (spätester Termin) die Aufgabe zu erledigen ist und ggf. (7) _____ die Notiz ist (Adressat).

3 Sie nehmen die Anrufe für Ihre Kollegin Jasmine Burcu entgegen. Schreiben Sie zu jedem Anruf eine Telefonnotiz. Orientieren Sie sich an der Checkliste.

1. Hallo, Petra Klotz von der Firma Holzbau Grüne. Ich rufe an, weil in Ihrer Rechnung an uns ein Fehler ist. Die Rechnungsnummer lautet P-29078. Könnten Sie die Position 3 bitte prüfen, die Menge muss hier 10 statt 100 lauten. Danke.

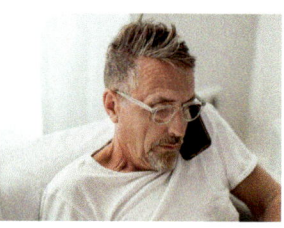

2. Guten Morgen, hier ist Werner Pieper. Ich habe heute Nachmittag um 16 Uhr einen Termin bei Ihrer Kollegin, Frau Burcu, aber leider bin ich krank geworden. Kann ich den Termin auf übermorgen um 16 Uhr verschieben? Es wäre nett, wenn Frau Burcu mir das kurz telefonisch bestätigen könnte. Danke.

TIPP Während des Telefonats haben Sie nicht viel Zeit, um Notizen zu machen. Üben Sie daher gezielt, die wichtigsten Informationen zu erfassen und möglichst knapp zu notieren.

9 Aufforderung, Bitte und Anfrage

1 Schreiben Sie höfliche Bitten bzw. Aufforderungen.

1. Fr. Thal anrufen (Sie)
   Könnten Sie bitte _____

2. Mi Termin bzgl. Vertragsverlängerung ☐ Vorschlag Uhrzeit? (du)
   _____

3. Hrn. Schneider anrufen (Do 11-12 Uhr), Beratung Altersvorsorge (Sie)
   _____

> **TIPP** In Notizen und Kurzmitteilungen formuliert man Aufforderungen meist im Imperativ („Ruf bitte ... an") oder auch mit Infinitiv („Bitte Frau X zurückrufen"). In E-Mails oder Textnachrichten verwendet man eher Fragen oder Aufforderungen mit Konjunktiv II („Könntest du das bitte übernehmen?" „Es wäre schön, wenn du das machen könntest.").

2 Lesen Sie die Situationen und schreiben Sie zwei Bitten bzw. Aufforderungen als E-Mail und zwei als Notiz.

1. Sie haben Probleme mit der neuen Software und bitten Ihre Kollegin Tina Miller um Hilfe.
2. Sie möchten am Freitag freinehmen und müssen schnell wissen, ob Ihr Kollege Tom Sailer mit Ihnen den Dienst tauschen kann.
3. Sie organisieren das Sommerfest Ihrer Firma und fragen Ihre Kollegin Marie, ob sie Ihnen helfen kann. Wenn ja, sollten Sie sich bald treffen, um alles zu besprechen.
4. Sie sind Teamleiter/in und fragen Ihre Mitarbeiter/innen, ob sie nächste Woche länger arbeiten können, da viel zu tun ist.

C 9 Aufforderung, Bitte und Anfrage

3 Ordnen Sie die Sätze und ergänzen Sie die E-Mail.

1. Produktlinie dem neue vorgestellt werden soll bei unsere
2. beginnen nach um soll 10 Uhr Möglichkeit
3. werden sein 10 Teilnehmer und benötigen Wir voraussichtlich
4. Raum ob passender Verfügung und die zur stehen Ausstattung ein

Betreff: Anfrage Konferenzraum

Liebe Monika,

für den 25.11. planen wir ein Treffen des Verkaufsteams, (1) _____
_____.
Das Treffen (2) _____ und wird ca. 2 Stunden dauern. Ist an diesem Termin einer unserer Konferenz- bzw. Besprechungsräume frei?
(3) _____
in dem Raum einen Beamer, ein Laptop sowie auch ein Whiteboard.
Es wäre schön, wenn du mir schnellstmöglich eine kurze Rückmeldung geben könntest, (4) _____
_____.
Ich bedanke mich herzlich im Voraus.

Viele Grüße
Greta

4 Schreiben Sie eine Anfrage zu der Situation.

Sie schreiben an Frau Thomas, Ihre Büromanagerin. Sie brauchen für nächste Woche Dienstag (14 bis 17 Uhr) einen Besprechungsraum für 8 Personen. Sie benötigen ein Whiteboard und einen Flipchart, außerdem für 15 Uhr Kaffee und Gebäck.

Betreff: _____

_____

_____

_____

_____

_____

_____

_____

10 Termine organisieren

1 Ergänzen Sie die Präpositionen. Nicht alle Wörter passen.

[am • am • am • an • auf • bei • bis • bis zum • für • für • nach • um • von • vor • zu]

Betreff: Termine

Liebe Kolleginnen und Kollegen,

wie ihr wisst, steht (1) _____ kommenden Mittwoch (2) _____ 15 (3) _____ 16 Uhr unsere monatliche Teambesprechung an. Wir haben (4) _____ diesen Termin den Konferenzraum 01 reserviert. Außerdem möchte ich euch (5) _____ einen weiteren Termin hinweisen, und zwar wird (6) _____ 23.11. (7) _____ 8 Uhr eine Delegation aus China (8) _____ uns eintreffen, die (9) _____ diesem Tag unser Werk besichtigen möchte. Die Teamleitungen sollten daher (10) _____ 23.11. unbedingt (11) _____ halb acht in der Firma sein, um alles vorbereiten zu können.
Natürlich stehe ich wie immer (12) _____ Rückfragen (13) _____ den Terminen zur Verfügung.

Kollegiale Grüße
Rachel Best

TIPP Wenn Sie eine E-Mail an mehrere Kolleginnen und Kollegen schreiben, verwenden Sie die Anrede „Liebe Kolleginnen und Kollegen". Weniger förmlich ist die Anrede „Hallo zusammen".

2 Termine. Ordnen Sie die Wörter bzw. Ausdrücke zu. Nicht alle Wörter passen.

[am Donnerstag • aufnehmen • bestätigen • bis • donnerstags • frühestens am • nach • nächste • vergangenen • verlegen]

1. vor Freitag   _____ Freitag
2. verschieben   _____
3. nicht vor dem ...   _____
4. zusagen   _____
5. letzten Dienstag   _____ Dienstag
6. später als 15 Uhr   _____ 15 Uhr
7. kommende Woche   _____ Woche
8. jeden Donnerstag   _____

3 Lesen Sie die Situation und schreiben Sie die Einladung.

Sie haben nächste Woche Geburtstag und laden Ihre Kollegen zu einem Umtrunk in der Firma ein. Teilen Sie Ihnen Ort, Datum und Uhrzeit mit und bitten Sie um eine Zu- oder Absage bis Freitag.

Betreff: _____

11 Tagesordnung

1 Lesen Sie die Tagesordnung und ergänzen Sie die Checkliste.

Teambesprechung Marketing
1. Juni 20.. (10-11 Uhr)
Tagesordnung

TOP 1: Betreuung neuer Kunden
TOP 2: Fortbildung „Social Media" – Terminabstimmung
TOP 3: Rückmeldung zu neuem Werbematerial
TOP 4: Firmenjubiläum
TOP 5: Sonstiges

[Sonstiges • Priorität • TOP • Datum • Nominalisierungen • Präpositionen]

Checkliste: Tagesordnung

✓ Anlass, (1) _____ und Uhrzeit angeben

✓ in Stichpunkten schreiben, (2) _____ verwenden

✓ (3) _____, Artikel und Konjunktionen weglassen, wenn möglich

✓ Abkürzungen: Tagesordnung – TO; Tagesordnungspunkt – (4) _____

✓ TOPs nach (5) _____ sortieren (am wichtigsten ▯ nicht so wichtig)

✓ am Ende TOP (6) _____ für Termine, Fragen usw.

2 Formulieren Sie die Sätze in Stichpunkte für eine Tagesordnung um.

1. Die Produktionskapazität wird erhöht.   *Erhöhung der Produktionskapazität*
2. Die Verkaufszahlen sind zurückgegangen.   _____
3. Der Umzug in das neue Büro wird geplant.   _____
4. Die neuen Geräte werden präsentiert.   _____
5. Die Software wird umgestellt.   _____
6. Wir diskutieren darüber, dass neue Möbel angeschafft werden sollen.   _____

3 Lesen Sie die E-Mail und schreiben Sie die Tagesordnung in Ihr Heft.

Betreff: TO Treffen Außendienst

Lieber Francesco,

kannst du bitte die TO für das Treffen unserer Außendienstmitarbeiter am 12.4. schreiben und versenden? Beginn ist um 9 Uhr und es sind 3 Stunden angesetzt. Es soll darüber gesprochen werden, wie die Bezirke zusammengelegt werden können. Noch wichtiger ist natürlich das Thema, ob neue Firmenwagen für den Außendienst angeschafft werden müssen. Den größten Wert legt der Chef allerdings darauf, dass die neue Corporate Identity präsentiert wird. Zum Schluss sollte noch Zeit für Termine, Fragen usw. bleiben.

LG
Rachel

12 Protokoll

1 Ergänzen Sie den Ausschnitt aus dem Protokoll.

[Privatkunden • Gespräch • anwesend • Protokoll • TOP 1 • Kapazitäten]

(1) _____
Teambesprechung Marketing
1. Juni 20.., 10-11 Uhr
(2) _____: Anna Andres (aa), Matti Klein (mk), Lia Silva (ls), Kossi Touré (kt)
Abwesend: Evi Huber, Abraham Tewelde
Protokoll: Kossi Touré

(3) _____: **Betreuung neuer Kunden**
neue Aufteilung – Firmenkunden: aa, kt; (4) _____: mk, ls
kaum (5) _____ für neue Kunden ☐ ggf. neuer Mitarbeiter?
(6) _____ mit Personalabteilung am 28.3. (ls)

2 Ergänzen Sie die Checkliste.

[wichtigsten • Tagesordnung • Mitarbeiter • Kürzel • abwesenden • Überschriften • Protokollanten • Ergebnisse • Namen • Termine]

Checkliste: Ergebnisprotokoll

✓ Datum, Uhrzeit, (1) _____ aller anwesenden und
(2) _____ Personen und Name des (3) _____ angeben

✓ Struktur: orientiert sich an der (4) _____, TOPs dienen als
(5) _____

✓ nur die (6) _____ Inhalte und (7) _____ der Besprechung festhalten

✓ jeweils die Aufgaben, die verantwortlichen (8) _____ und die vereinbarten
(9) _____ notieren

✓ Namen der Teilnehmer werden häufig als (10) _____ geschrieben
(z. B. „mk" für Matti Klein)

3 Lesen Sie und schreiben Sie den Protokolleintrag ins Heft.

Lia Silva

> Also, dann fasse ich die Ergebnisse noch mal zusammen: Die Social-Media-Fortbildung findet an zwei unterschiedlichen Terminen statt, einmal im April, einmal im Mai. Lia Silva kümmert sich bis Ende der Woche darum, die Termine mit dem Team abzustimmen. In unserer nächsten Besprechung sammeln wir die Themen, die für uns besonders interessant sind. Bitte macht euch doch schon mal Gedanken dazu. Matti Klein leitet die Liste dann an die Referentin weiter. Er übernimmt auch die Reservierung des Konferenzraums. Das muss bis 31. März erledigt werden.

13 Folien für Präsentationen

1 Ordnen Sie die Elemente der Präsentationsfolie zu.

[Diagrammtitel • Aufzählung • Diagramm • Aufzählungspunkt • Überschrift • Legende]

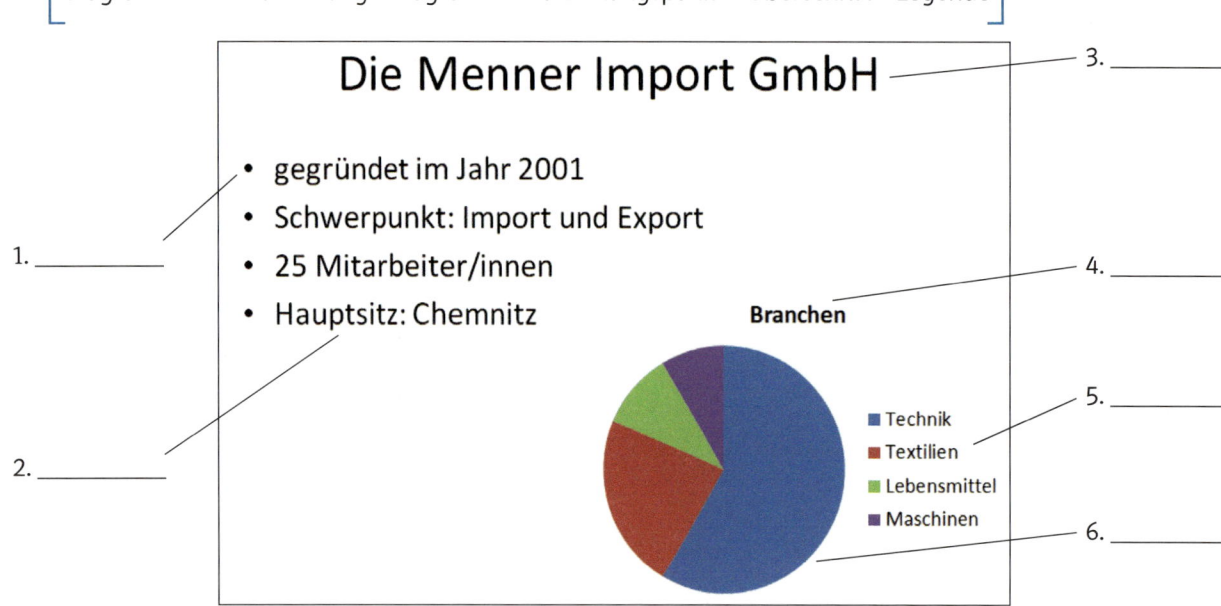

2 Lesen Sie die Auszüge aus einem Projektbericht.

Vor diesem Hintergrund ist davon auszugehen, dass der Absatz bei entsprechenden Werbemaßnahmen im kommenden Jahr um voraussichtlich 20 % steigen wird.	Wir empfehlen daher, mehr als bislang in die Werbung und den Vertrieb der neuen Produktlinie zu investieren.

a Ergänzen Sie auf den Folien die passende Überschrift (1 und 2). Nicht alle Überschriften passen.

Ausgangssituation • Prognose Verkaufszahlen • Übersicht Geschäftsbereiche • Fazit • Prognose Mitarbeiterzahlen

(1) _____

- (3) _____
- Wachstum v. a. in Norddeutschland stark
- weitere Verkaufspunkte eröffnen

(2) _____

- Kundenumfrage: Bekanntheit noch gering
- gezielte Werbemaßnahmen
- (4) _____

b Ergänzen Sie nun die fehlenden Stichpunkte (3 und 4). Nicht alle Stichpunkte passen.

[zurückgehende Umsatzzahlen • kommendes Jahr Anstieg um 20 % • Marketing/Vertrieb stärken • Mitarbeiterzahlen bleiben konstant • Eigenschaften des neuen Produkts]

3 Ergänzen Sie die Checkliste. Nicht alle Begriffe können zugeordnet werden.

[Diagramm • Füllwörter • groß genug • nicht so groß • Thema • Nummerierung • Sätze • Stichpunkt • Überschriften]

Checkliste: Folien für Präsentationen

✓ Schriftgröße (1) _____ wählen (mindestens 24 pt)
✓ erste Folie: (2) _____, ggf. Firma, Name, Ort und Datum der Präsentation nennen
✓ klare Struktur durch (3) _____, (4) _____ oder Aufzählungszeichen
✓ Faustregel: höchstens ein (5) _____ pro Folie
✓ in Stichpunkten formulieren, (6) _____ und ganze (7) _____ vermeiden

4 Lesen Sie die weiteren Abschnitte aus dem Projektbericht.

1 Momentan sind insgesamt 38 Mitarbeiter in unserem Betrieb beschäftigt, davon 27 in Vollzeit und 11 in Teilzeit.

2. Für das kommende Quartal sind 3 Inhouse-Maßnahmen vorgesehen, an denen ein Drittel der Belegschaft teilnehmen wird. Die Themen sind Projektmanagement, Buchführung und Finanzanalyse.

a Ergänzen Sie auf den Folien jeweils die passende Überschrift (1 und 2). Nicht alle Überschriften passen.

[Übersicht Geschäftsbereiche • Aktuelle Mitarbeiterzahlen • Fazit • Planung Mitarbeiterfortbildung]

(1) _____
• _____
• _____

(2) _____
• _____
• _____
• _____

b Fassen Sie die Inhalte des Projektberichts in Stichpunkten zusammen.

5 Fassen Sie die Aussagen für eine Präsentationsfolie zusammen. Schreiben Sie in Ihr Heft.

Ich möchte Ihnen nun die Ergebnisse unserer Marktanalyse vorstellen. Bei dieser Analyse haben wir zunächst die Marktgröße und die Marktentwicklung untersucht. Ein anderer wichtiger Punkt waren die Konkurrenzprodukte. Und schließlich haben wir genau analysiert, wer unsere Kunden sind. Dazu haben wir eine Kundenumfrage durchgeführt.

14 Diskussionsvorlage

In Ihrer Firma soll ein Betriebsausflug organisiert werden. Es steht zur Diskussion, ob der Betriebsausflug mehrtägig sein soll. Ein Kollege hat eine Diskussionsvorlage dazu angefertigt.

1 Ergänzen Sie die fehlenden Satzteile 1-9 in der Diskussionsvorlage. Nicht alle Wörter passen.

[darüber hinaus • dass • dass • im Folgenden • letztlich • ob • obwohl • sodass • steht zur Diskussion • überwiegen • Vordergründig • weil • zählen]

Sollte der Betriebsausflug mehrtägig sein?   a)_____

Im Hinblick auf den geplanten Betriebsausflug (1) _____,   b)_____
ob dieser mehrtägig sein sollte. Hierfür gibt es sowohl Vor- als auch Nachteile, die
(2) _____ kurz dargelegt werden.

Für einen mehrtägigen Betriebsausflug spricht, (3) _____ der   c)_____
Zusammenhalt zwischen den Mitarbeitern gestärkt wird. Man lernt sich besser
kennen und schätzen. Das hilft auch im Arbeitsalltag und (4) _____
wird auch die Firma davon profitieren, dass Arbeiten besser und schneller ablaufen,
(5) _____ die Mitarbeiter sich noch besser unterstützen.

Gegen einen mehrtägigen Betriebsausflug spricht, (6) _____ der   d)_____
Betrieb mehrere Tage überwiegend ruhen würde (es ließe sich ein Notbetrieb
aufrechterhalten) und an diesen Tagen weniger Umsatz erzielt werden könnte.
(7) _____ ist ein mehrtägiger Betriebsausflug natürlich auch mit
Kosten für Fahrt, Unterkunft, Verpflegung und Programm verbunden.

Meines Erachtens (8) _____ die Nachteile, die ein   e)_____
mehrtägiger Betriebsausflug mit sich bringen würde (Kosten, Umsatzausfälle),
(9) _____ zum jetzigen Zeitpunkt ein eintägiger Betriebsausflug
besser wäre.

2 Aus welchen Teilen besteht die Diskussionsvorlage in Aufgabe 1? Ordnen Sie zu (a-e).

[Nachteile • Zusammenfassung/Fazit • Einleitung • Thema/Titel • Vorteile]

3 Ergänzen Sie die Checkliste.

[Einleitung • Empfehlung • Fazit • Nachteile • Thema • Vorteile]

Checkliste: Diskussionsvorlage

✓ Überschrift: das (1) _____ nennen
✓ kurze (2) _____: Was wird dargelegt?
✓ (3) _____ bzw. Pro-Argumente nennen
✓ (4) _____ bzw. Contra-Argumente nennen
✓ begründetes (5) _____ ziehen bzw. (6) _____ abgeben

4 Lesen Sie die Situation.

Ihre Firma wird im kommenden Jahr umziehen. Die Geschäftsleitung überlegt, ob es im neuen Gebäude Großraumbüros statt Einzelbüros geben soll. Sie sollen eine Diskussionsvorlage schreiben.

a In welchen Teil der Diskussionsvorlage gehören die folgenden Stichpunkte? Kreuzen Sie an.

	Vorteile	Nachteile	Fazit/Zusammenfassung
1. schnellerer Informationsaustausch	○	○	○
2. kaum Ruhe → kein konzentriertes Arbeiten	○	○	○
3. Empfehlung: Großraumbüro	○	○	○
4. man sieht sofort, wer da ist	○	○	○
5. Raum kann flexibel auch für größere Besprechungen genutzt werden	○	○	○
6. Raumklima → keine individuelle Regelung	○	○	○

b Formulieren Sie aus den Notizen 1-6 ganze Sätze.

1. _____
2. _____
3. _____
4. _____
5. _____
6. _____

c Schreiben Sie die vollständige Diskussionsvorlage. Denken Sie an eine passende Überschrift, eine Einleitung und einen logischen Aufbau. Kontrollieren Sie Ihren Text mit der Checkliste.

15 Bericht

1 Ergänzen Sie den Bericht.

[die Präsentation • die Umstrukturierung der Tochterfirma • eine Führung über das Betriebsgelände • Instandhaltung der Anlagen informieren • Produktionsanlagen besichtigen]

Bericht
über den Besuch der Mitarbeiter unserer Tochterfirma
23.–25.10.

Im o. g. Zeitraum waren drei Mitarbeiter (Frau Christoph, Herr Yang, Frau Kim) unserer Tochterfirma „Exponat GmbH" aus Singapur in unserem Stammsitz in Frankenstein zu Gast.

Am ersten Tag fand von 10 bis 12 Uhr (1) _____ statt. Dabei konnten die Gäste unsere (2) _____ und sich über die Wartung und (3) _____. Von 12 bis 14 Uhr fand ein Arbeitsessen mit der Geschäftsführung statt, ehe die Gäste von 14 bis 16 Uhr (4) _____ in Singapur in einer Präsentation erläuterten. Im Anschluss an (5) _____ war bis 18 Uhr Gelegenheit zum Erfahrungsaustausch in informellem Rahmen.

2 Ergänzen Sie die Checkliste.

[Fazit • Unterschrift • Zeitform • Was • Wer • Wo • Zeitraum]

Checkliste: Bericht

✓ (1) _____ hat teilgenommen (Namen, Funktionen)?
✓ Über welchen (2) _____ wird berichtet (Datum, Zeitspanne, Uhrzeit)?
✓ (3) _____ wurde das Projekt bzw. die Arbeit durchgeführt (Ort, Anschrift)?
✓ (4) _____ wurde gemacht (Veranstaltungen, Tätigkeiten, ggf. Material)?
✓ (5) _____: Präteritum
✓ bei einem Projektbericht: Zusammenfassung / (6) _____
✓ ggf. (7) _____ (vor allem bei Arbeits- und Praktikumsberichten)

3 Lesen Sie die Notizen zu einem Arbeitstag in einem Reinigungsbetrieb und schreiben Sie einen Bericht in Ihr Heft.

9–11 Uhr: Entrümpelung (Kunde: Fa. Schneider)
11–12 Uhr: Büroreinigung, 2 Büroräume und 1 Bad (Fa. Lee)
13–15 Uhr: Spezialreinigung Fenster und Treppenhaus (Kunde: Grundconsult Immobilien GmbH)
15–16 Uhr: Reinigung Firmenfahrzeug, Achtung: Inspektion fällig!

38

16 Schaubild und Diagramm

1 Sehen Sie das Diagramm an und ergänzen Sie die Beschreibung. Nicht alle Ausdrücke passen.

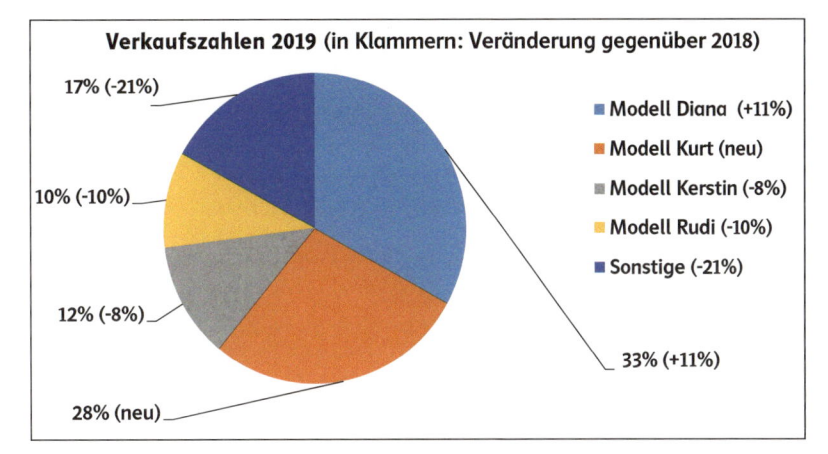

Verkaufszahlen 2019 (in Klammern: Veränderung gegenüber 2018)

- Modell Diana (+11%) — 33% (+11%)
- Modell Kurt (neu) — 28% (neu)
- Modell Kerstin (-8%) — 12% (-8%)
- Modell Rudi (-10%) — 10% (-10%)
- Sonstige (-21%) — 17% (-21%)

[auf 8 % zurückgegangen • ein Anstieg • ein Rückgang • obwohl • um 11 % gestiegen • um 8 % gefallen • um das Doppelte gestiegen • um die Hälfte zurückgegangen • während • wohingegen]

Geschäftsbericht

Mühlhausener Sofamanufaktur GmbH

Die Verkaufszahlen für das Modell „Diana" sind im Vergleich zum Vorjahr (1) _____,
(2) _____ die Verkaufszahlen für das Modell „Kerstin" (3) _____
sind. Das neue Modell „Kurt" hat mit 28 % Anteil am Gesamtverkauf einen sehr guten Start gehabt,
(4) _____ die Verkaufszahlen des Modells „Rudi" (5) _____ sind.
Bei den sonstigen Modellen ist (6) _____ der Verkaufszahlen in Höhe von 21 % zu
verzeichnen – was aber auch an der Einführung des neuen Modells „Kurt" liegt.

2 Welche Redemittel bedeuten dasselbe? Ordnen Sie zu.

1. __e__ Das Diagramm gibt Auskunft über ...
2. ____ Gegenüber dem letzten Jahr ...
3. ____ Unten werden die ... angegeben.
4. ____ ... ist um ein Drittel gesunken.
5. ____ ... hat sich verdoppelt.
6. ____ Die Werte sind in ... angegeben.
7. ____ Als Fazit kann festgehalten werden, dass ...

a) ... ist um 100 % gestiegen.
b) ... ist von 15 % auf 10 % zurückgegangen.
c) Alle Angaben werden in ... gemacht.
d) Die ... sind unten aufgeführt.
e) Das Diagramm liefert Informationen zu ...
f) Insgesamt ist festzustellen, dass ...
g) Während im vergangenen Jahr ...

3 Schreiben Sie eine Beschreibung des Diagramms in Ihr Heft.

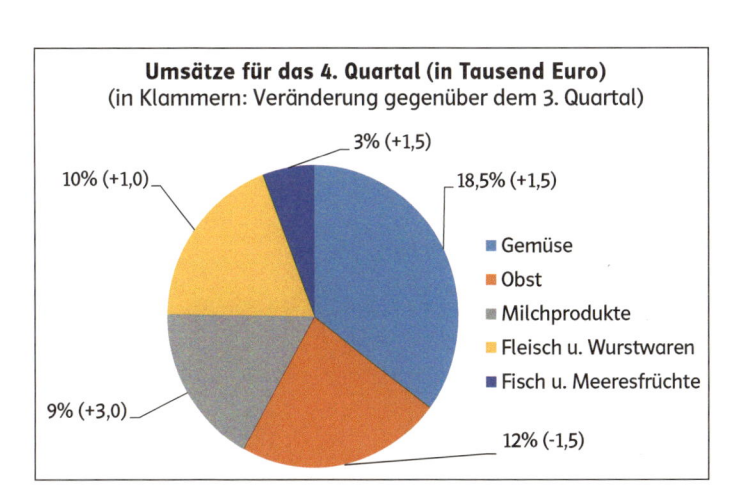

Umsätze für das 4. Quartal (in Tausend Euro)
(in Klammern: Veränderung gegenüber dem 3. Quartal)

- Gemüse — 18,5% (+1,5)
- Obst — 12% (-1,5)
- Milchprodukte — 9% (+3,0)
- Fleisch u. Wurstwaren — 10% (+1,0)
- Fisch u. Meeresfrüchte — 3% (+1,5)

E PROBLEME IN DER FIRMA

17 Probleme formulieren

1 Lesen Sie die Abschnitte a–j, ordnen Sie und schreiben Sie dann die E-Mail in der richtigen Reihenfolge (1–10) ab.

> Sonia Gomez arbeitet als Verkäuferin in einem Modegeschäft. Meistens arbeitet sie vormittags. Seit einiger Zeit ärgert sie sich darüber, dass die Kollegen abends viele Aufgaben liegen lassen. Sie schreibt ihrem Kollegen Samuel, der immer abends arbeitet, eine E-Mail.

___ a) Am Montag arbeite ich bis 14:30. Wir könnten uns im Pausenraum treffen. Passt das bei dir?
___ b) Viele Grüße
___ c) Ich würde gern gemeinsam eine Lösung für das Problem finden. Ich schlage vor, dass wir uns Anfang nächster Woche mal zusammensetzen.
___ d) Dadurch hatten wir in der Frühschicht viel mehr Arbeit und konnten keine Frühstückspause machen.
___ e) Im Dienstplan habe ich gesehen, dass du häufig abends gearbeitet hast.
___ f) Die neue Ware war nicht ausgepackt, bei den Umkleidekabinen lag noch ein großer Stapel Kleidung und das Verpackungsmaterial war nicht aufgefüllt.
_1_ g) Lieber Samuel,
___ h) Sonia
___ i) Gib mir bitte bis Samstagnachmittag Bescheid.
___ j) mir ist in letzter Zeit aufgefallen, dass viele Aufgaben abends nicht erledigt wurden.

2 Lesen Sie die E-Mail aus Aufgabe 1 noch einmal und ergänzen Sie die Checkliste.

[Lösung • Vorwürfe • besprechen • sachlich • zusammenfassen • konstruktive]

Checkliste: Probleme formulieren

✓ das Problem zunächst kurz (1) _____

✓ (2) _____ und höflich bleiben

✓ (3) _____ vermeiden

✓ (4) _____ Kritik formulieren: einen Vorschlag zur (5) _____ des Problems machen bzw. das Problem gemeinsam (6) _____

3 Lesen Sie die Redemittel und ergänzen Sie zwei Redemittel aus der E-Mail in Aufgabe 1.

Probleme ansprechen	Lösungsvorschlag formulieren
• Ich habe den Eindruck, dass …	• Vielleicht könnten wir …
• Ich habe bemerkt / gesehen / gehört, dass …	• Was hältst du / halten Sie davon, wenn …
• (1) _____	• Wie wäre es, wenn …
	• (2) _____

Probleme formulieren   **E 17**

4   Lesen Sie die E-Mail und ergänzen Sie die Redemittel aus Aufgabe 3.

Betreff: Urlaubsplanung

Lieber Niko,

(1) _____, _____ du dieses Jahr von Weihnachten bis zum 8. Januar Urlaub eingetragen hast. Wie du weißt, muss immer einer von uns beiden im Büro sein, damit das Telefon besetzt ist. Während der Weihnachtsferien möchte ich auch gern eine Woche freinehmen.
(2) _____, _____ wir morgen zusammen Mittagessen gehen und über die Urlaubsplanung sprechen?
Melde dich doch kurz bei mir.

Viele Grüße
Tom

TIPP   Es wirkt stilistisch besser, wenn man nicht jeden Satz in einer E-Mail mit „ich" beginnt.

5   Sie teilen sich das Büro mit einem Kollegen, der sehr unordentlich ist. Sehen Sie das Foto an und fassen Sie das Problem zusammen. Die Wörter unten können helfen.

[unordentlich • aufräumen • ärgerlich • peinlich vor Kunden und Kollegen]

6   Lesen Sie die Situation und schreiben Sie eine E-Mail an Ihre Kollegin.

Sie arbeiten als Techniker in einer kleinen Werkstatt für Computer und Mobiltelefone. Ihr Kollege Ahmad kann praktisch jedes Gerät reparieren – aber er ist sehr unordentlich: Häufig können Sie die Werkzeuge und Ersatzteile in der Werkstatt nicht finden. Mehrere Kunden wollten ihre reparierten Geräte abholen, aber sie waren nicht im Abholfach. Sie schreiben Ihrem Kollegen eine E-Mail, erklären ihm das Problem und machen einen Lösungsvorschlag.

E 17 Probleme formulieren

7 Lesen Sie die Situation und die E-Mail und ergänzen Sie die fehlenden Wörter.

> Marisol Gonzales ist als Servicekraft in einem Restaurant tätig. Da ihr Mann bei einer Sicherheitsfirma im Nachtdienst arbeitet, sehen sie sich unter der Woche kaum. Marisol möchte daher mindestens einen Samstag im Monat freihaben. Doch ihre Vorgesetzte, Frau Sievers, hat ihren Wunsch schon wieder ignoriert.

[ja • jedoch • Verfügung • vielleicht • möchte • gefragt • bitten • wichtig]

Betreff: Dienstplan September

Liebe Frau Sievers,

gestern habe ich den Dienstplan für September bekommen und festgestellt, dass ich keinen freien Samstag habe. Wir hatten (1) _____ bereits bei meinem Personalgespräch darüber gesprochen, dass es für mich aus familiären Gründen sehr (2) _____ ist, wenigstens einmal im Monat ein ganzes Wochenende freizuhaben. Auch im Juli hatte ich (3) _____ keinen arbeitsfreien Samstag.
Ich habe Frau Öner (4) _____, ob sie einen Samstag mit mir tauschen könnte. Sie könnte entweder am 5. oder am 19. September arbeiten. (5) _____ könnten Sie den Dienstplan entsprechend ändern? Außerdem (6) _____ ich Sie nochmals darum (7) _____, mich künftig für einen freien Samstag einzuteilen.
Bei Rückfragen stehe ich selbstverständlich zur (8) _____.

Mit freundlichen Grüßen
Marisol Gonzales

TIPP Modalartikeln und Adverbien wie „eigentlich", „ja" oder „vielleicht" schwächen Aussagen oder Vorschläge ab und eignen sich daher gut, um Vorschläge zu formulieren.

8 Formulieren Sie höfliche Aufforderungen an den Vorgesetzten.

1. (viele Überstunden – besprechen, wie sie abgebaut werden können)
   _____

2. (nächste Woche für die Spätschicht einteilen)
   _____

3. (in der nächsten Teambesprechung die Aufgaben für das neue Projekt verteilen)
   _____

9 Lesen Sie die Situation und schreiben Sie eine E-Mail an die Teamleitung, Frau Reiß.

> Sie arbeiten in einem Großraumbüro. Einige Mitarbeiter sind während der Arbeitszeit sehr laut, sodass Sie sich schlecht konzentrieren können. Auch andere Kollegen fühlen sich gestört. Bitten Sie Frau Reiß um Hilfe.

Probleme formulieren   **E 17**

10   Lesen Sie die Situation und schreiben Sie eine E-Mail an den Betriebsrat.

Bei einer großen Spedition gibt es Unstimmigkeiten wegen der Pausenregelung. Einige Raucher machen zusätzliche Pausen, die nicht von der Arbeitszeit abgezogen werden. Die Nichtraucher fühlen sich benachteiligt. In Absprache mit einigen Kollegen bittet Rafael Lange den Betriebsrat um Hilfe.

[Probleme mit der Pausenregelung – zusätzliche Raucherpausen – ungerecht behandelt – eine Lösung finden – für ein Gespräch zur Verfügung stehen]

_____,

wir wenden uns heute an Sie, weil _____
Es geht um Folgendes: _____
_____
_____

Wir möchten Sie darum bitten, _____
_____

Für ein persönliches Gespräch _____

_____
Rafael Lange

11   Ergänzen Sie die Checkliste.

[bitten • beteiligten • Vorgesetzten • Termin • darstellen]

✓

Checkliste: den Betriebsrat um Vermittlung bitten

✓ z. B. bei Ärger mit Kollegen und (1) _____ oder bei Mobbing
✓ die Situation kurz und sachlich (2) _____
✓ die (3) _____ Personen nennen
✓ um einen (4) _____ für ein Gespräch (5) _____

12   Lesen Sie die Situation und schreiben Sie eine E-Mail an den Betriebsrat.

Yann Okafor arbeitet in der Produktion bei einem Hersteller für medizinischen Bedarf. In den letzten Monaten gab es im Team Unmut über den Abteilungsleiter, Herrn Zöllner, da dieser die Produktionstermine nicht mit dem Team abstimmt und die Mitarbeiter dadurch unter Zeitdruck geraten. Yann Okafor möchte daher den Betriebsrat, dessen Vorsitzenden er nicht persönlich kennt, um eine Vermittlung in dieser Angelegenheit bitten.

18 Auf Kritik reagieren

1 Auf eine E-Mail des Vorgesetzten antworten

a Lesen Sie die E-Mail von Herrn Zumwinkel und die Antwort von Frau Kim. Einige Sätze in Frau Kims E-Mail sind umgangssprachlich oder nicht höflich. Streichen Sie die nicht angemessenen Sätze durch. Ordnen Sie die übrig gebliebenen Sätze (1-7) und schreiben Sie dann den Text in der richtigen Reihenfolge ab.

Sehr geehrte Frau Kim,

in letzter Zeit haben sich einige Fehler in Ihre Arbeit eingeschlichen. Gibt es etwas, wobei Sie Unterstützung brauchen? Ich würde gerne mit Ihnen darüber sprechen, kommen Sie doch bitte Montag um 11 Uhr in mein Büro. Danke!

Viele Grüße
G. Zumwinkel
Abteilungsleiter

_____ a) Hallo Herr Zumwinkel,
_____ b) Das Problem ist, dass ich in letzter Zeit ständig Zahnschmerzen habe. Ich war schon mehrfach beim Zahnarzt, aber er kann das Problem einfach nicht finden.
_____ c) Schmerzgeplagte Grüße
        Lydia Kim
_____ d) Leider war ich in letzter Zeit gesundheitlich etwas angeschlagen.
_____ e) Sehr geehrter Herr Zumwinkel,
_____ f) es stimmt doch gar nicht, dass ich in letzter Zeit „einige" Fehler bei der Arbeit gemacht habe – es waren höchstens zehn.
_____ g) es tut mir leid, dass mir einige Fehler unterlaufen sind.
_____ h) Mit freundlichen Grüßen
        Lydia Kim
_____ i) Ich warte dann mal auf Ihre Antwort.
_____ j) Für eine kurze Antwort danke ich Ihnen im Voraus.
_____ k) Wenn es sein muss, komme ich zu einem Gespräch in Ihr Büro. Allerdings geht das auf keinen Fall Montagvormittag, da muss ich wieder zum Zahnarzt. Wann haben Sie denn noch Zeit?
_____ l) Gerne komme ich zu einem Gespräch zu Ihnen, habe Montagvormittag aber die betriebsärztliche Untersuchung. Geht es auch am Nachmittag?

---

b Was enthält Frau Kims Antwort? Kreuzen Sie an.

Entschuldigung ○   Schilderung des Problems ○   Vorwurf ○   Lösungsvorschlag ○

2 Ergänzen Sie die Checkliste.

[vorschlagen • ernst nehmen • verhalten • entschuldigen]

Checkliste: auf Kritik reagieren

✓ die Kritik (1) _____
✓ sich für den Fehler (2) _____
✓ erklären, warum man sich falsch (3) _____ hat
✓ eine Lösung für das Problem (4) _____

44

Auf Kritik reagieren   **E 18**

3   Lesen Sie die E-Mails und ergänzen Sie. Nicht alle Wörter passen.

Sehr geehrter Herr Wolff,

wir wenden uns an Sie, da die Kommunikation zwischen unseren Außenstellen in den letzten Wochen nicht optimal war. Wir haben bereits auf unserer Seite nach Möglichkeiten gesucht, wie wir das verbessern können. Vielleicht halten wir dazu eine Telefonkonferenz mit den Abteilungsleitern ab? Dann können wir auch noch mal über die einzelnen Probleme sprechen, die aufgetreten sind.

Mit freundlichen Grüßen
Sarah Timm

[aufgefallen • vorzubereiten • zusammensetzen • abgesprochen • vorzuschlagen • ansprechen • schlage vor • abzusprechen • aufzufallen • setze zusammen]

Sehr geehrte Frau Timm,

das ist eine gute Idee. Mir ist in letzter Zeit auch (1) _____, dass nicht alles rund gelaufen ist.
Ich wollte Sie auch schon darauf (2) _____.
Ich (3) _____, dass wir uns morgen eine halbe Stunde (4) _____, um die Telefonkonferenz (5) _____ und uns (6) _____. Haben Sie gleich morgens um 8:30 Uhr Zeit?

Mit freundlichen Grüßen
Peter Wolff

---

4   Lesen Sie die E-Mail von Frau Rüdiger. Schreiben Sie dann mithilfe der Stichpunkte eine Antwort in Ihr Heft.

Sehr geehrter Herr Schneider,

da ich Sie heute leider weder telefonisch noch persönlich an Ihrem Arbeitsplatz erreichen konnte, möchte ich Sie nun auf diesem Wege bitten, nächsten Dienstag um 10 Uhr zu einem Gespräch in mein Büro zu kommen. Sicher haben Sie Gründe dafür, dass Sie in letzter Zeit mehrmals unentschuldigt nicht zur Arbeit erschienen sind, aber wir müssen dies besprechen, ehe es zu einem Problem wird.
Bitte geben Sie mir Bescheid, ob Sie den o. g. Termin einhalten können.
Vielen Dank!

Mit freundlichen Grüßen
Gerda Rüdiger

[sich für die Fehlzeiten entschuldigen – Ehefrau schwer erkrankt, seit zwei Wochen im Krankenhaus – Dienstagvormittag einen Termin bei einem Kunden – Gespräch auf Dienstagnachmittag verschieben]

19 Abmahnung

1 Lesen Sie die Abmahnung und kreuzen Sie an.

Bonn, 1. September 20..

Abmahnung

Sehr geehrter Herr Töpfer,

Ihr Verhalten veranlasst uns, Sie auf die ordnungsgemäße Erfüllung Ihrer arbeitsvertraglichen Verpflichtungen hinzuweisen. Wir müssen Sie leider wegen des folgenden Vorfalls abmahnen:
Am 31. August dieses Jahres haben Sie gegen 13.30 Uhr trotz wiederholter vorangegangener mündlicher Verwarnungen gegen das Rauchverbot in den Toiletten des Firmengebäudes (3. OG) verstoßen. Durch diesen Verstoß wurde über den Rauchmelder der Feueralarm ausgelöst, wodurch der Betriebsablauf erheblich beeinträchtigt wurde.
Dieses Verhalten stellt eine Verletzung Ihrer arbeitsvertraglichen Pflichten dar. Wir fordern Sie daher hiermit auf, sich zukünftig vertragsgemäß zu verhalten, und weisen Sie darauf hin, dass wir ein derartiges Verhalten in Zukunft nicht mehr dulden werden.
Sollte sich eine derartige oder gleichartige Pflichtverletzung wiederholen, müssen Sie mit weiteren arbeitsrechtlichen Konsequenzen rechnen, bis hin zu einer Kündigung des Arbeitsverhältnisses.
Eine Ausfertigung dieser Abmahnung werden wir Ihrer Personalakte beifügen und zur Kenntnisnahme an den Betriebsrat weiterleiten.

Mit freundlichen Grüßen
Kara Siegert

1. Herr Töpfer hat bereits mehrfach gegen das Rauchverbot verstoßen. ○ richtig ○ falsch
2. Die Abmahnung wird durch den Betriebsrat erteilt. ○ richtig ○ falsch
3. Wenn Herr Töpfer noch einmal in der Toilette raucht, kann er seine Arbeitsstelle verlieren. ○ richtig ○ falsch
4. Kara Siegert erwartet sofort eine Antwort von Herrn Töpfer. ○ richtig ○ falsch
5. Eine Abmahnung ist das Gleiche wie eine Kündigung. ○ richtig ○ falsch

Abmahnung   **E 19**

2   **Was können Sie tun, wenn Sie eine Abmahnung erhalten haben? Ergänzen Sie. Nicht alle Wörter passen.**

[aufnehmen • festgelegt • überstürzt • klären • verfassen • einnehmen • bewahren • vorläufig • aufbewahrt • verfasst • wenden]

Wenn Sie eine Abmahnung bekommen haben, ist zunächst einmal wichtig, dass Sie Ruhe (1) _____. Handeln Sie nicht (2) _____, denn noch ist nichts richtig Schlimmes passiert. Wenn Sie Fragen haben oder Sie anderer Meinung sind, sollten Sie sich zunächst an einen Anwalt oder an den Betriebsrat (3) _____. Sie können prinzipiell eine Gegendarstellung zur Abmahnung (4) _____, die dann auch in Ihrer Personalakte (5) _____ wird. Das ist so im Arbeitsrecht (6) _____.

3   **Ergänzen Sie die Gegendarstellung.**

[bestätigen • Pflichten • behaupten • Abmahnung • verstoßen • Vorwürfe • Verwarnung]

Bonn, 10.09.20..

Gegendarstellung zur (1) _____ vom 01.09.20..

Sehr geehrte Frau Siegert,

in der Abmahnung vom 01.09.20.. (2) _____ Sie, ich hätte in der Toilette geraucht und dadurch einen Feueralarm ausgelöst. Wie ich Ihnen heute bereits telefonisch mitgeteilt habe, weise ich diese (3) _____ zurück.
Seit der letzten mündlichen (4) _____ habe ich nicht mehr auf der Toilette geraucht. In den Rauchpausen nutze ich den Raucherraum im Hauptgebäude. Am 31. August war ich an meinem Arbeitsplatz, als der Feueralarm losging. Meine Kollegen Sascha Ludwig und Ion Bukow können dies (5) _____.
Ihr Vorwurf, ich hätte gegen meine arbeitsvertraglichen (6) _____
(7) _____, trifft daher nicht zu. Ich möchte Sie hiermit bitten, die Abmahnung aus meiner Personalakte zu entfernen.

Mit freundlichen Grüßen
Felix Töpfer

TIPP   Antworten Sie nicht spontan auf eine Abmahnung. Eine Gegendarstellung muss sorgfältig formuliert werden. Wenn Sie unsicher sind, schalten Sie besser den Betriebsrat oder einen Anwalt ein.

4   **Lesen Sie die Situation und schreiben Sie dann mithilfe der Stichpunkte eine Gegendarstellung ins Heft.**

Sie sind als Elektroniker bei einer Baufirma angestellt. Am 4. Januar hat der Geschäftsführer Arthur Proschka Ihnen eine Abmahnung geschickt, weil Sie trotz mehrerer Verwarnungen jeden Dienstag und Donnerstag 30 Minuten zu spät kommen. Bei einer weiteren Verspätung müssen Sie mit einer Kündigung rechnen.

[Anrede – Vorwurf zurückweisen – Gespräch mit der Vorgesetzten Frau Pini vor vier Wochen – dienstags und donnerstags Termine beim Physiotherapeuten – Vorgesetzter war informiert – Bitte, die Abmahnung aus der Personalakte zu entfernen – Gruß]

F KOMMUNIKATION MIT GESCHÄFTSPARTNERN UND KUNDEN

20 Anfrage

1 Aufbau einer Anfrage

Die Firma KSA GmbH sucht einen Zulieferer für Automobilteile. Deshalb schreibt Herr Mahler einen Brief an eine Produktionsfirma.

a Lesen Sie den Brief. Ordnen Sie zu, welche Aspekte Sie in dem Brief finden.

> sich für den Erhalt eines Schreibens bedanken • Anliegen nennen • (Informations-)Material anfordern • konkrete Fragen stellen • um Antwort bitten • die eigene Firma vorstellen • sich vorab bedanken • Informationsmaterial anfordern • Bezug auf etwas nehmen (z. B. Werbung) • für Rückfragen zur Verfügung stehen

Anfrage

Sehr geehrte Damen und Herren,

mit Interesse haben wir Ihre Anzeige in der Fachzeitschrift „Motoren morgen" gesehen.

Wir sind ein aufstrebender Hersteller von modernen, selbstfahrenden Automobilen. Derzeit sind wir auf der Suche nach einem Zulieferer. Momentan interessieren uns insbesondere allgemeine Informationen zu den Lieferfristen sowie den Zahlungsbedingungen.

Unsere Produktion ist derzeit noch in den Kinderschuhen, aber die Auftragslage kann sich in diesem Segment schnell ändern, sodass uns natürlich auch interessiert, wie flexibel Sie bezüglich der Änderung von Bestellmengen wären. Bieten Sie auch Mengenrabatt ab bestimmten Volumina an?

Gerne können Sie uns auch einen Katalog übersenden. Oder ist die gesamte Produktpalette auch online zu finden?

Über Informationen zu den oben genannten Punkten würden wir uns sehr freuen und danken Ihnen im Voraus für Ihre Mühe.

Mit freundlichen Grüßen

Frank Mahler

1. _____
2. _____
3. _____
4. _____
5. _____
6. _____
7. _____

b Ergänzen Sie die Checkliste mit den passenden Begriffen aus Aufgabe a.

Checkliste: Anfrage

✓ zuerst (1) _____ z. B. auf Werbung oder ein Gespräch nehmen

✓ sich bzw. die Firma vorstellen und (2) das _____ nennen

✓ konkrete Fragen (3) _____, ggf. (4) _____ (z. B. Katalog, Preisverzeichnis) anfordern

✓ abschließend (5) um _____ bitten und sich vorab (6) _____

Anfrage F 20

2 Sich auf Veranstaltungen, Telefonate usw. beziehen

a Sortieren Sie die Redemittel.

a) Ich komme auf unser Gespräch bei der „Electronica" zurück.
b) Wir danken Ihnen nochmals für den gestrigen Anruf.
c) Ihr Informationsmaterial haben wir dankend erhalten.
d) Wir haben im Generalanzeiger Ihre Annonce gelesen.
e) Während Ihres Tags der offenen Tür haben wir Ihr Sortiment kennengelernt.
f) Vielen Dank für das informative Telefonat am 15. Juni.
g) Bei meiner Teilnahme an Ihrem Informationsabend hatte ich Gelegenheit, ...
h) Ihre E-Mail-Adresse habe ich von Frau/Herrn … von der Firma … erhalten.
i) Ihr Inserat in der Neuen Zeitung hat mein Interesse geweckt.
j) Frau/Herr … war so freundlich, mir Ihren Namen und Ihre Anschrift zu geben.
k) In Ihren Prospekten haben wir gesehen, ...
l) Einer unserer Geschäftspartner, die Firma …, hat uns Ihre Kontaktdaten gegeben.
m) Durch ein Plakat sind wir auf Ihre Firma aufmerksam geworden.

1. Anzeige   _____
2. Veranstaltung   _a,_ _____
3. Telefonat   _____
4. Empfehlung   _____
5. Werbematerial   _____

b Ergänzen Sie die passenden Redemittel aus Aufgabe a. Manchmal gibt es mehrere Möglichkeiten.

1.

Betreff: Anfrage zu Ihren Leistungen

Sehr geehrte Frau Wuttke,

_____.

Frau Cen war mit Ihren Dienstleistungen sehr zufrieden. …

2.

Sehr geehrte Damen und Herren,

_____.

Ihr Mitarbeiter, Herr Schneider, hat uns dort verschiedene Produkte präsentiert. Wir haben nun weitere Fragen zu …

3.

Sehr geehrter Herr Petrov,

_____.

Darin bieten Sie u. a. einen Reinigungsservice für Großküchen an, woran wir sehr interessiert sind.

c Lesen Sie die Situation und schreiben Sie die E-Mail in Ihr Heft.

Timo Pridik vom Online-Portal *Gartenglück* hat auf der Frühjahrsmesse in München eine Präsentation der Ising GmbH gesehen, die dort ihre neuen Gartengeräte vorgestellt hat. Er hat dort auch kurz mit der Vertriebsleiterin, Frau Demirci, gesprochen. Herr Pridik überlegt, die Gartengeräte ins Sortiment aufzunehmen, braucht dazu aber zunächst weitere Informationen.

F 20 Anfrage

3 Informationen einholen

a Ergänzen Sie die Redemittel. Nicht alle Wörter passen.

> warten • hoch • aktuelle • mitteilen • gut • nennen • gewähren • viel • gern • machen • letzte • möglich • außerdem • senden • freuen

1. Können Sie mir _____, ...
2. Ich wüsste _____, ...
3. Ist es für Sie _____, im Dezember zu liefern?
4. Bitte _____ Sie den Katalog an ...
5. Können Sie bei größeren Mengen Rabatte _____?
6. Wie _____ sind die Transport-/Versandkosten?
7. Ich wüsste _____ gerne, ...
8. Bitte _____ Sie uns den frühestmöglichen Liefertermin.
9. Wir _____ uns auf Ihre Antwort.
10. Bitte senden Sie uns das _____ Preisverzeichnis.

b Welche Redemittel aus Aufgabe a passen? Ordnen Sie zu.

> Sehr geehrte Damen und Herren,
>
> vielen Dank für die ersten Informationen zu Ihrem Sortiment. Auch Ihren aktuellen Katalog haben wir erhalten. Allerdings fehlte leider eine Übersicht über die Preise. (a) _10_
> Noch eine Frage zu den Preisen: (b) ____ Da wir aktuell einen Großauftrag erwarten, ist dieser Punkt für uns besonders interessant.
> Schließlich ist der Liefertermin für uns äußerst wichtig, da der nächste Auftrag zeitnah abgewickelt werden muss. (c) ____, ob die Lieferung frei Haus ist? Falls nicht: (d) ____
>
> (e) ____
>
> Mit freundlichen Grüßen
>
> H. Rehmann

c Lesen Sie die Situation und schreiben Sie eine Anfrage in Ihr Heft. Verwenden Sie die Redemittel aus Aufgaben a und b.

> Sie ziehen um und brauchen in der neuen Wohnung eine Einbauküche und ein neues Sofa. Gestern hatten Sie im Briefkasten einen Prospekt des Möbelhauses Unger. Sie möchten weitere Informationen einholen zu Rabatten, Transportkosten und Lieferterminen.

21 Informieren

1 Lesen Sie die E-Mail und ergänzen Sie.

Angebot • buchen • Dienstleistungen • erhalten • Fragen • freuen • Informationen • Interesse • Rabatt • unterstützen • Verfügung

Betreff: Ihre Anfrage

Sehr geehrte Frau Schmidt,

vielen Dank für Ihr (1) _____ an unseren (2) _____.
Gerne gebe ich Ihnen weitere (3) _____ zu unserem (4) _____.
Eine Werbeanzeige in unserer Broschüre „Alles für Ihr Tier" und auf unserer Internetseite können Sie im Paket für 995 € netto (5) _____. Falls Sie sich bis zum 31.01.20.. entscheiden, (6) _____ Sie zusätzlich 10 % (7) _____.
Wir würden uns sehr (8) _____, Sie bei der Vermarktung Ihrer Produkte (9) _____ zu dürfen.
Für weitere (10) _____ stehe ich gern zu Ihrer (11) _____.

Mit freundlichen Grüßen
Peter Weiß

2 Lesen Sie die E-Mail aus Aufgabe 1 noch einmal. Ergänzen Sie dann die Checkliste.

Zusammenarbeit • stehen • gewünschte • hinweisen • bedanken

Checkliste: Anfragen beantworten

✓ sich zuerst für das Interesse (1) _____
✓ Fragen beantworten bzw. (2) _____ Informationen geben
✓ ggf. auf besondere Angebote (3) _____
✓ Abschluss: für weitere Fragen zur Verfügung (4) _____ und/oder Freude über mögliche (5) _____ ausdrücken

3 Ergänzen Sie die Redemittel. Nicht alle Wörter passen.

an • Anfrage • Angebot • auf • Dank • danken • dankend • geben • gewünscht • über • zu

1. Wir freuen uns (a) _____ Ihr Interesse (b) _____ unseren Produkten.
2. Vielen (c) _____ für Ihre (d) _____ vom 15.5.20..
3. Wir (e) _____ Ihnen für Ihre Anfrage und senden Ihnen anbei wie (f) _____ den Katalog.
4. Ihre Anfrage vom 3. Dezember haben wir (g) _____ erhalten.
5. Gerne (h) _____ wir Ihnen weitere Informationen (i) _____ unserem Angebot.

4 Ergänzen Sie die E-Mail mit den passenden Wörtern aus Aufgabe 3.

Sehr geehrte Frau Kim,

vielen (1) _____ für Ihre (2) _____ zu unseren Produkten.
Wie (3) _____ übersenden wir Ihnen mit diesem Schreiben unseren Katalog „Stoffe & Wolle".
Sollten Sie Fragen haben, (4) _____ wir Ihnen selbstverständlich gerne weitere Informationen
(5) _____ einzelnen Produkten. Bitte zögern Sie nicht, unsere Kundenberater anzurufen.

Wir freuen uns auf Ihre Nachricht.

Mit freundlichen Grüßen
Gabriel Studer
GS Textilwaren KG

5 Passen die Formulierungen zu einem Brief, einer E-Mail oder zu beidem? Kreuzen Sie an.

	Brief	E-Mail
1. Anbei senden wir Ihnen …	○	○
2. Die … finden Sie in der angehängten Datei.	○	○
3. Ihre Anfrage haben wir dankend erhalten.	○	○
4. Im Anhang senden wir Ihnen …	○	○
5. Mit diesem Schreiben übersenden wir auch …	○	○
6. Sie finden … in der Anlage.	○	○
7. Vielen Dank für Ihre Nachricht und Ihr Interesse an unseren Produkten.	○	○
8. Wir danken Ihnen für Ihr Schreiben vom …	○	○
9. Wir freuen uns über Ihr Interesse an unseren Dienstleistungen.	○	○
10. Wir haben … diesem Schreiben beigelegt.	○	○

TIPP Eine Anlage ist ein Dokument, das einem Brief oder einer E-Mail beigefügt wird. Der Begriff „Anhang" wird nur bei E-Mails verwendet.

6 Beantworten Sie die Anfrage aus Aufgabe 3b (S. 50) mithilfe der Notizen.

Preisverzeichnis: beigefügt
Rabatt: leider nicht
Lieferfrist: für Normmaße 14 Tage, sonst 4 bis 6 Wochen
Lieferkosten: ab 1.000 Euro frei

Sehr geehrter Herr Rehmann,

_____

_____

_____

_____

_____

Mit freundlichen Grüßen

7 Lesen Sie die Anfrage und die Notiz. Schreiben Sie eine Antwort in Ihr Heft.

Betreff: Fragen zu Ihren Leistungen

Sehr geehrte Damen und Herren,

mit Interesse haben wir Ihre Anzeige in der Zeitschrift „Kehren und Fegen" gelesen. Wir hätten noch einige Fragen zu Ihren Dienstleistungen.
Wir sind eine Spedition im Norden von München und suchen eine Reinigungsfirma für unsere Büroräume und Lagerhallen. Als junges Unternehmen haben wir noch keine Erfahrung mit den Reinigungsintervallen. Was würden Sie empfehlen?
Reinigen Sie neben Gebäuden auch Fahrzeuge?
Verwenden Sie umweltfreundliche Reinigungsmittel?
Bitte senden Sie uns auch Ihre aktuelle Preisliste.
Vielen Dank im Voraus für Ihre Antwort.

Mit freundlichen Grüßen
Yuki Nguyen

Unsere Leistungen: Reinigung von Gebäuden (innen und außen)
Empfehlung: Büroräume täglich reinigen, Lagerhallen 2x pro Monat
Öko-Reinigungsmittel gegen Aufpreis
Preisliste im Anhang

22 Termine

1 Einen Termin vorschlagen. Ergänzen Sie die Verben in der richtigen Form. Nicht alle Verben passen.

[abstimmen • ausschreiben • beantworten • bestätigen • einrichten • erfinden • markieren]

Liebes Team,

ich habe für unsere Arbeitsgruppe eine Terminumfrage (1) _____, um einen Termin für unser nächstes Treffen (2) _____. Bitte (3) _____ alle Tage, an denen ihr Zeit habt. Sobald ich alle Rückmeldungen habe, werde ich den endgültigen Termin (4) _____.

Vielen Dank für eure Mühe!

LG Heinrich

	Apr 18 DI	Apr 19 MI	Apr 21 FR
Heinrich	✓	✓	✓
Julia			✓
John	✓		✓
Hülya			✓

2 Lesen Sie die Situation und schreiben Sie eine E-Mail in Ihr Heft.

Sie organisieren eine Produktpräsentation und möchten sowohl Kollegen aus der Firma als auch Kunden einladen. Die Terminvorschläge sind der 12., 16. oder 20. Mai, jeweils von 10 bis 12 Uhr.

3 Wie kann man einen Termin bestätigen, verschieben, absagen? Kreuzen Sie an.

a) Wir freuen uns, den Termin ○ verwenden ○ wahrnehmen zu können.
b) Gerne bestätigen wir den ○ Termin ○ Terminvorschlag.
c) Unser Abteilungsleiter nimmt Ihren Vorschlag gerne ○ an ○ wahr und kommt am 12. März in Ihr Büro.
d) Wäre es möglich, den Termin auf kommenden Freitag zu ○ bewegen ○ verlegen?
e) Da Herr Turm erkrankt ist, müssen wir den Termin leider ○ verschieben ○ verzögern.
f) Leider müssen wir den Termin für die Produktpräsentation kurzfristig ○ abbestellen ○ absagen.

4 Lesen Sie die Situation und ergänzen Sie die E-Mail.

Sie haben eine Einladung zum Tag der offenen Tür bei der Baufirma Fritz bekommen. Sie kommen gern, bleiben auch zum Abendessen und bringen noch zwei Kollegen mit.

Sehr geehrte Frau Welke,

gerne _____

Ich _____

_____

_____

_____

5 Einen Termin verschieben. Tragen Sie ein: Welche Formulierung passt zu welcher Situation?

Situation 1:
Sie müssen einer wichtigen Kundin, Frau Schneider, für morgen absagen. Sie hatten einen Beratungstermin vereinbart, sind aber krank geworden und haben keine Vertretung.

Situation 2:
Sie sollten morgen Vormittag eine Geschäftspartnerin in Ihrer Firma begrüßen, müssen aber kurzfristig zu einem Termin außer Haus. Ihr Stellvertreter wird die Begrüßung übernehmen. Sie informieren die Geschäftspartnerin per E-Mail.

a) _1_ Alternativ kann ich kommende Woche Montag oder Dienstag anbieten.
b) ____ Bei der Uhrzeit richte ich mich sehr gerne nach Ihnen.
c) ____ Es hat sich eine kurzfristige Änderung bezüglich Ihres Besuchs ergeben.
d) ____ Wir freuen uns auf Ihren morgigen Besuch!
e) ____ Ich hoffe auf Ihr Verständnis.
f) ____ Ich bedaure die kurzfristige Änderung und hoffe, Sie das nächste Mal persönlich begrüßen zu können.
g) ____ Herr Bauer wird Sie an meiner Stelle begrüßen.
h) ____ Leider bin ich morgen kurzfristig verhindert.
i) ____ Leider muss ich den morgigen Termin verschieben.
j) ____ Über eine positive Antwort würde ich mich sehr freuen.

6 Lesen Sie die Situation und ergänzen Sie die E-Mail.

Sie wollten am Freitag auf der Technikmesse in Berlin Ihren Geschäftspartner Peter Hauser treffen, um ein neues gemeinsames Projekt zu besprechen. Leider können Sie wegen eines anderen wichtigen Termins aber doch nicht nach Berlin fahren. Sie entschuldigen sich, erklären die Situation und bitten Herrn Hauser, zum Messestand Ihrer Firma zu kommen und das neue Projekt mit Ihrer Kollegin Pia Halkonen zu besprechen.

_____,

leider _____

An meiner Stelle _____

Ich bedaure_____

Wir freuen uns _____

_____

_____

7 Lesen Sie die Situation und schreiben Sie eine E-Mail in Ihr Heft.

Sie wollten in der Teambesprechung morgen die Ergebnisse der Kundenumfrage vorstellen. Leider sind Sie krank geworden und können nicht zur Arbeit gehen. Schreiben Sie Ihrer Vorgesetzten, Frau Kramer, und verschieben Sie den Termin für die Präsentation.

23 Reservierung

1 Welches Wort passt? Kreuzen Sie an.

> **Betreff:** Reservierung
>
> Sehr geehrte Frau Klein,
>
> wie telefonisch besprochen möchten wir für unseren Workshop folgende __1__ in Ihrem Hotel __2__:
> – zwei __3__ für jeweils 10 Personen für den 29. und 30. Juli, an beiden Tagen von 9 bis 17 Uhr
> – 15 EZ und 3 DZ für zwei Nächte (28. bis 30. Juli), alle __4__ Frühstück
> – für den Workshop das __5__ „Gourmet L".
>
> __6__ hatten wir eine Kostenpauschale in Höhe von 150 Euro __7__.
>
> Wir bitten um eine schriftliche Bestätigung __8__ des Gesamtpreises.
>
> Vielen Dank im Voraus.
>
> Mit freundlichen Grüßen
> Zacharias Uhlen

1. ○ Angebote
   ○ Räume
   ○ Teile

2. ○ planen
   ○ reservieren
   ○ wollen

3. ○ Doppelzimmer
   ○ Einzelzimmer
   ○ Tagungsräume

4. ○ exkl.
   ○ inkl.
   ○ zzgl.

5. ○ Cateringpaket
   ○ Essen
   ○ Gericht

6. ○ Pro Person
   ○ Für Person
   ○ Für alle

7. ○ ausgesprochen
   ○ versprochen
   ○ vereinbart

8. ○ mit den Angaben
   ○ ohne Auslassen
   ○ unter Angabe

2 Korrigieren Sie die unterstrichenen Wörter.

> Sehr geehrter Herr Moor,
>
> wie telefonisch besprochen <u>nehme</u> ich folgende Räume in Ihrem Haus:
> – Festsaal <u>mit</u> 45 Personen (4. Juni, 16-23 Uhr)
> – 15 <u>Doppelräume</u> (<u>zum</u> 4. auf den 5. Juni)
> – <u>Mahlzeit</u> (Kaffee/Kuchen sowie warmes Buffet am Abend)
>
> Wir hatten eine Pauschale von 120 Euro p. P. <u>vernommen</u>.
> Bitte bestätigen Sie mir die Reservierung unter <u>Auslassen</u> der Preise.
>
> Mit freundlichen Grüßen
> T. Kroos

1. *reserviere*
2. _____
3. _____ 4. _____
5. _____
6. _____
7. _____

3 Schreiben Sie eine Reservierung in Ihr Heft. Beachten Sie die Notizen.

– Hotel „Sonne" (Ansprechpartnerin: Fr. Haber)   – vereinbarter Preis: 75 € p.P.
– 1 DZ + 3 EZ, 3./4.2. (Halbpension)   – Bestätigung anfordern

24 Angebot

1 Ein Angebot einholen

a Lesen Sie die Wörter rechts und schlagen Sie unbekannte Wörter nach. Lesen Sie dann die Notizen. Tragen Sie das passende Wort ein.

Mengenrabatt • Zahlungsfrist • Lieferfrist • Lieferbedingungen • Kostenvoranschlag • Stammkundenrabatt • Geschäftsbedingungen • Mengenangaben • Zahlungsbedingungen • Liefermodalitäten

1. _____
Wir brauchen mindestens 10.000 Kugelschreiber -> Vergünstigung?

2. _____
Zahlung p. Überweisung oder bar bei Lieferung

3. _____
Wir benötigen die Waren innerhalb von 3 Wochen.

4. _____
Wir benötigen zunächst Informationen zu den ungefähren Kosten der Reparatur.

TIPP Ein Angebot ist rechtlich verbindlich, d. h. ein Unternehmen kann später nicht mehr Geld in Rechnung stellen, als im Angebot angegeben war. Ein Kostenvoranschlag ist dagegen eine ungefähre Schätzung der Kosten.

b Eine Grundschule mit zwei unterschiedlichen Standorten will Angebote für die Lieferung von Mittagessen für die Kinder und Lehrer einholen. Ergänzen Sie die E-Mail.

abschließen • angeboten • bitten • informieren • liefert • möglich • stehen • suchen • wünschen • zeitgleiche

Sehr geehrte Damen und Herren,

wir (1) _____ einen neuen Caterer, der jeweils montags bis freitags um 12 Uhr das Mittagessen für 65 Kinder und 13 Lehrkräfte zu unseren beiden Standorten in Neustadt (2) _____.
Ist die (3) _____ Lieferung an mehrere Standorte für Sie (4) _____?
Bezüglich des Essens (5) _____ wir uns immer zwei ausgewogene Mahlzeiten zur Auswahl, wovon eine vegetarisch sein muss. Ein Dessert soll nicht (6) _____ werden.
Bieten Sie Rabatte an, wenn wir einen Vertrag über einen längeren Zeitraum (7) _____?
Bitte (8) _____ Sie uns auch über Ihre Liefer- und Zahlungsbedingungen.
Schließlich (9) _____ wir auch um Zusendung der Geschäftsbedingungen.
Für Rückfragen (10) _____ wir selbstverständlich gerne zur Verfügung.

Mit freundlichen Grüßen
Hanna Meier

c Ihr Chef bittet Sie, ein Angebot einzuholen. Er hat Ihnen einige Stichpunkte gegeben. Schreiben Sie eine E-Mail an die Pallhuber GmbH, eine Großbäckerei, in Ihr Heft.

ca. 500 Brezeln pro Woche für Veranstaltungen (Catering)
Mengenrabatt?

Lieferung zu verschiedenen Veranstaltungsorten möglich?
Zahlungsbedingungen?

F 24 Angebot

2 Ein Angebot schreiben

a Rückfragen zu einer Anfrage. Kreuzen Sie an, welche Wörter in der E-Mail fehlen.

Von: info@junkers-berlin.berlin
An: office@buerobedarf-hummel.eu
Betreff: Ihre Anfrage (Büromöbel)

Sehr geehrte Damen und Herren,

vielen Dank für Ihre Anfrage vom 22. Oktober.

Gerne __1__ wir ein Angebot für die von Ihnen gewünschten Büromöbel, brauchen aber zunächst __2__ Informationen.

Sie __3__ u. a. 10 Schreibtische sowie dazu passende Schreibtischlampen bestellen. __4__ Sie uns die Bestellnummern der Schreibtische und der Lampen __5__ ? Außerdem __6__ auch die Anzahl der Schreibtischlampen, die Sie kaufen möchten.
Wenn uns die fehlenden Informationen vorliegen, erhalten Sie __7__ unser Angebot.

Für eine __8__ Antwort bedanken wir uns herzlich im Voraus.

Selbstverständlich stehen wir auch für weitere Fragen und Wünsche jederzeit zur __9__ .

Mit freundlichen Grüßen
Peter Waldmann

1. a) erstellen
   b) geben
   c) machen

2. a) auch andere
   b) eigentlich mehr
   c) noch weitere

3. a) dürfen
   b) können
   c) möchten

4. a) Hätten
   b) Wollten
   c) Würden

5. a) mitteilen
   b) notieren
   c) sagen

6. a) benötigen wir
   b) fordern wir
   c) schreiben Sie uns

7. a) unmittelbar
   b) umgehend
   c) unvermittelt

8. a) zeitige
   b) zeitliche
   c) zeitnahe

9. a) Antwort
   b) Verfügung
   c) Verordnung

b Sie sollen einen Kunden nach weiteren Informationen fragen. Ihr Chef hat Ihnen Notizen dafür gegeben. Schreiben Sie eine E-Mail.

Anfrage von Fr. Schaller	Papier: Bestellnummer?
-> benötigt Büromaterial:	Kugelschreiber: Menge?

c Ergänzen Sie die Checkliste.

Anzahl/Menge • Artikelbezeichnung • Artikelnummer • Gültigkeit • Liefer- und Zahlungsbedingungen • Preis • weitere Spezifikationen

Checkliste: Angebot

✓ in ein Angebot gehören (1) _____ (= wie viel?), (2) _____
   (= was?) und (3) _____ (wie teuer?) der Waren

✓ ggf. gehören auch (4) _____ (z. B. Farbe, Größe, Maße) sowie eine
   (5) _____ ins Angebot

✓ Wichtig: die (6) _____ angeben

✓ abschließend die (7) _____ des Angebots nennen (= bis wann gilt es?)

d In welcher Reihenfolge stehen die Sätze im Angebot? Nummerieren Sie. Nach welchem Satz steht die Tabelle?

Sehr geehrter Herr Waldmann,

____ Bei den Schreibtischlampen beträgt die Lieferzeit derzeit leider 8 Wochen.
____ Die Lieferung der Bürostühle und der Lampen wäre innerhalb von vier Wochen möglich.
_1_ vielen Dank für Ihre Anfrage.
____ Gerne unterbreiten wir Ihnen für die gewünschten Artikel das folgende Angebot:
____ Innerhalb von Deutschland ist die Lieferung frei Haus.
____ Natürlich stehen wir auch für Rückfragen jederzeit zur Verfügung.
____ Unser Angebot ist 21 Tage gültig.
____ Wir hoffen, dass Ihnen unser Angebot zusagt, und freuen uns auf Ihre Nachricht.

Mit freundlichen Grüßen
Ulrike Schubert

Anzahl	Artikel	Artikelnr.	Einzelpreis	Gesamtpreis
15	Bürostühle	2319-MN	169,00 €	2535,00 €
10	Schreibtische	767-98-K	289,00 €	2890,00 €
20	Schreibtischlampen	023-L-8	79,00 €	1580,00 €
NETTO-GESAMTPREIS (zzgl. 19 % USt.)				7005,00 €

e Sie arbeiten bei einem Zulieferer für Metalle und Metallprodukte. Schreiben Sie mithilfe der Notizen und Informationen ein Angebot in Ihr Heft.

Bitte Angebot an Firma Junkers in Berlin:
- *50 Alubleche, 30 Kupferbleche, 100 m Kupferkabel (0,3 mm)*
- *Lieferengpass bei Alublechen, erst in 12 Wochen*
- *5 % Rabatt bei Auftragserteilung innerhalb von 7 Tagen*
- *Lieferung Kupferkabel und Kupferbleche in 3 Wochen*

Artikel	Best.-Nr.	Preise zzgl. 19 % USt.			
Alublech, 1 mm (1 x 10 m)	0029-AL	ab 1 Stck.	5,69 €	ab 10 Stck.	4,99 €
Kupferblech, 1 mm (1 x 10 m)	179-KU	ab 1 Stck.	9,99 €	ab 10 Stck.	8,99 €
Kupferkabel, 0,3 mm	1227-3-KUK	ab 10 m	0,43 €/m	ab 100 m	0,40 €/m

Zahlungsbedingungen: per Überweisung innerhalb von 14 Tagen nach Lieferung
Lieferbedingungen: innerhalb von Deutschland (außer Inseln) frei Haus ab 1000,00 € Auftragswert

Angebot

3 Auf ein Angebot reagieren

a Welches Verb passt? Kreuzen Sie an.

1. eine Bestellung ○ aufgeben ○ abgeben
2. ein Angebot ○ übernehmen ○ annehmen
3. einen Auftrag ○ verteilen ○ erteilen
4. um eine Auftragsbestätigung ○ bitten ○ fragen
5. den Erhalt ○ bestätigen ○ akzeptieren
6. sich auf ein Angebot ○ zurücknehmen ○ beziehen

b Ergänzen Sie die E-Mail mit den passenden Wörtern aus Aufgabe a.

Sehr geehrte Damen und Herren,

wir (1) _____ uns auf Ihr Angebot vom 23.5. und möchten dieses gerne
(2) _____. Wie vereinbart erfolgt die Lieferung bis zum 10.6. frei Haus.
Wir (3) _____ Sie um eine schriftliche Auftragsbestätigung.

Vielen Dank.

Mit freundlichen Grüßen
Sung-Hee Kim

4 Sie wollen eine Bestellung nachträglich ändern. Schreiben Sie die Sätze.

Betreff: Änderung der Bestellung H745

Sehr geehrte Damen und Herren,

_____
_____
_____
_____
_____
_____
_____
_____

Mit freundlichen Grüßen
Karel Pawlow

die o. g. Bestellung | falls möglich, | möchten wir | wie folgt ändern

nur 1000 Umschläge| statt 1500 Umschläge in DIN A4 (Bestellnr. 5004) | bestellen wir

bitte bestätigen | die Änderung | kurz schriftlich | Sie uns

Angebot F 24

5 Kreuzen Sie an, welche Wörter in der Auftragsbestätigung fehlen.

Auftragsbestätigung

Sehr geehrte Damen und Herren,

wir __1__ uns darüber, dass Ihnen unser Angebot zugesagt hat, und __2__ hiermit Ihre Bestellung von 20 Laserdruckern (Modell ZX-500) sowie 10 Tintenstrahldruckern (Modell RF-700).
Leider __3__ es aufgrund der starken Nachfrage derzeit zu einer __4__ bei den Laserdruckern. Die Lieferung wird in ca. 4 Wochen __5__ und wir werden Sie selbstverständlich __6__ informieren, sobald uns der genaue Liefertermin __7__. Die Tintenstrahldrucker können wir __8__ bereits in der kommenden Woche liefern.
Bitte setzen Sie sich doch kurz telefonisch mit uns __9__, um einen Liefertermin abzustimmen.
Wie vereinbart erfolgt die Lieferung __10__.

Wir danken Ihnen nochmals für Ihren Auftrag.

Mit freundlichen Grüßen

Ines Jung

1. a) bestätigen
   b) freuen
   c) gefallen

2. a) anerkennen
   b) beantworten
   c) bestätigen

3. a) braucht
   b) kommt
   c) macht

4. a) Lieferaufschub
   b) Lieferpause
   c) Lieferverzögerung

5. a) eintreten
   b) erfolgen
   c) geschehen

6. a) bald
   b) danach
   c) umgehend

7. a) ankommt
   b) findet
   c) vorliegt

8. a) deshalb
   b) hingegen
   c) trotzdem

9. a) ans Telefon
   b) in Verbindung
   c) zusammen

10. a) frei Haus
    b) frei Lkw
    c) per Haus

6 Bestätigen Sie die Änderung der Bestellung aus Aufgabe 4 (S. 60) per E-Mail.

25 Zahlungserinnerung / Mahnung

1 Lesen Sie die Zahlungserinnerung und ergänzen Sie die fehlenden Wörter.

Rainer Pallhuber hat einem Kunden eine Rechnung gestellt. Nach einigen Wochen stellt er fest, dass sie noch nicht beglichen wurde. Er schreibt eine Zahlungserinnerung.

[beglichen • entgangen • überprüfen • überweisen • veranlasst • Zahlungserinnerung]

(1) _____
Sehr geehrte Damen und Herren,

sicher ist Ihrer Aufmerksamkeit (2) _____, dass die Rechnung Nr. PQ19-435 vom 01.03.20.. noch nicht (3) _____ wurde. Wir bitten Sie, dies zu (4) _____ und den fälligen Betrag in Höhe von 1.079,00 Euro innerhalb von 10 Tagen zu (5) _____.
Sollten Sie die Zahlung bereits (6) _____ haben, ist dieses Schreiben selbstverständlich gegenstandslos.

Für Rückfragen stehen wir jederzeit gerne zur Verfügung.

Mit freundlichen Grüßen

Rainer Pallhuber

Buchhaltung Trondmann GmbH

TIPP Die Begriffe „Zahlungserinnerung" und „Mahnung" bedeuten dasselbe, aber „Zahlungserinnerung" ist weniger formal und klingt freundlicher.

2 Bringen Sie die Sätze in die richtige Reihenfolge und schreiben Sie den Brief in Ihr Heft.

Drei Wochen später kann Herr Pallhuber noch immer keinen Zahlungseingang feststellen. Er schreibt eine weitere Mahnung.

_____ a) Sollten Sie die Zahlung zwischenzeitlich beglichen haben, ist diese Mahnung gegenstandslos.
_____ b) Sehr geehrte Damen und Herren,
_____ c) Wir erlauben uns daher, Sie wegen der überfälligen Zahlung anzumahnen und Mahngebühren in Höhe von 10 Euro zu erheben, sodass der fällige Gesamtbetrag nunmehr 1089 Euro beträgt.
_____ d) 2. Mahnung
_____ e) Mit freundlichen Grüßen
_____ f) leider konnten wir noch immer keinen Eingang für die Rechnung Nr. PQ19-435 vom 01.03.20.. feststellen.
_____ g) Bitte begleichen Sie die Forderung bis zum 10.05.20.., um weitere Kosten zu vermeiden.

3 Schreiben Sie zu der folgenden Situation eine Zahlungserinnerung in Ihr Heft.

Ihre Firma hat vor sechs Wochen eine Rechnung über 698 Euro versendet, die noch nicht beglichen wurde. Die Rechnungsnummer ist M-67923-0001.

26 Reklamation

1 Was ist richtig? Kreuzen Sie an.

1. Leider müssen wir uns ◯ auf ◯ über die Waren aus Lieferung 0945543 beschweren.
2. Wir mussten ◯ einstellen ◯ feststellen, dass die Akkuschrauber nicht geliefert wurden.
3. Dabei handelt es sich leider um eine ◯ Fehllieferung ◯ Fehlerlieferung.
4. In der Anlage übersenden wir Ihnen eine ◯ Aufstellung ◯ Einstellung der Mängel.
5. Leider ist die Lieferung ◯ nicht vollzählig ◯ unvollständig.
6. Leider sind Sie ◯ in der Lieferverzögerung ◯ im Lieferverzug.

2 Wie können Sie die folgenden Probleme beschreiben? Formulieren Sie sachlich und höflich.

1. Lieferung – nicht angekommen
   Leider ist die Lieferung
2. Ware – bei Lieferung beschädigt
   _____
3. zwölf Geräte geliefert – drei funktionieren nicht
   _____
4. Express-Lieferung bezahlt – nicht erhalten
   _____
5. Farbe bestellt – Tapeten erhalten
   _____

3 Formulieren Sie für die Probleme jeweils eine höfliche Forderung.

1. Nachlieferung: *Bitte liefern Sie*
2. Rückzahlung: _____
3. Umtausch: _____
4. Rücknahme: _____
5. Reparatur: _____

4 Ergänzen Sie die E-Mail. Nicht alle Wörter passen.

[ausstehenden • beschweren • defekten • fehlenden • feststellen • komplett • reklamieren • unvollständig]

Sehr geehrte Damen und Herren,

leider müssen wir uns über die Lieferung zu unserer Bestellung Nr. 56-X-19 (1) _____.
Wir mussten zuerst (2) _____, dass von den zehn gelieferten Bürolampen drei nicht funktionieren.
Darüber hinaus ist die Lieferung (3) _____ – statt der bestellten 30 Bürostühle haben wir nur 24 erhalten.
Bitte liefern Sie die (4) _____ Stühle und tauschen Sie die (5) _____ Lampen innerhalb von einer Woche aus.
Wir freuen uns auf Ihre Rückmeldung.

Mit freundlichen Grüßen
Darius Kovac

5 Ergänzen Sie die Checkliste.

[beschreiben • Bestellnummer • setzen • Liefertermin • schriftlich • Forderungen]

Checkliste: Reklamation

✓ immer (1) _____ reklamieren, nicht telefonisch

✓ die (2) _____ , die Kundennummer und den (3) _____ nennen

✓ das Problem genau (4) _____

✓ (5) _____ bzw. Erwartungen formulieren

✓ eine Frist (6) _____

6 Lesen Sie die Stichpunkte und ergänzen Sie die Reklamation.

- am 3.2. von Ignis GmbH Lieferung Nr. UL-98098 erhalten -> 2 Tage zu spät geliefert und statt 120 Autoreifen nur 98
- Forderung: Nachlieferung und Rückzahlung Express-Zuschlag

(1) _____

Sehr geehrte Damen und Herren,

leider (2) _____

Außerdem (3) _____

Wir bitten (4) _____

Mit freundlichen Grüßen
B. Godoy

7 Lesen Sie die Situation und schreiben Sie eine Reklamation in Ihr Heft.

Sie haben Ihre Wohnung vom Malerbetrieb Schulte renovieren lassen. Leider gibt es aber einige Mängel, zu denen Sie sich Notizen gemacht haben.

Wohnzimmer: Farbe zu dunkel
Flur: Tapete nicht fest
Kinderzimmer: Decke nicht gestrichen
innerhalb von 14 Tagen nachbessern!!

27 Schreiben an Ämter und Behörden

1 Ordnen Sie zu, welche Aspekte Sie in dem Schreiben finden. Nicht alle Begriffe passen.

Pablo, der älteste Sohn von Familie Marquez, hat eine Ausbildung zum Bankkaufmann begonnen. Die Sachbearbeiterin bei der Familienkasse, Frau Heel, fordert als Nachweis eine Kopie des Ausbildungsvertrags.

[formeller Gruß • Frist setzen • um Bestätigung bitten • auf Einhaltung der Frist verweisen • Referenz angeben • formelle Anrede • formeller Gruß • sich auf ein Schreiben beziehen • informelle Anrede]

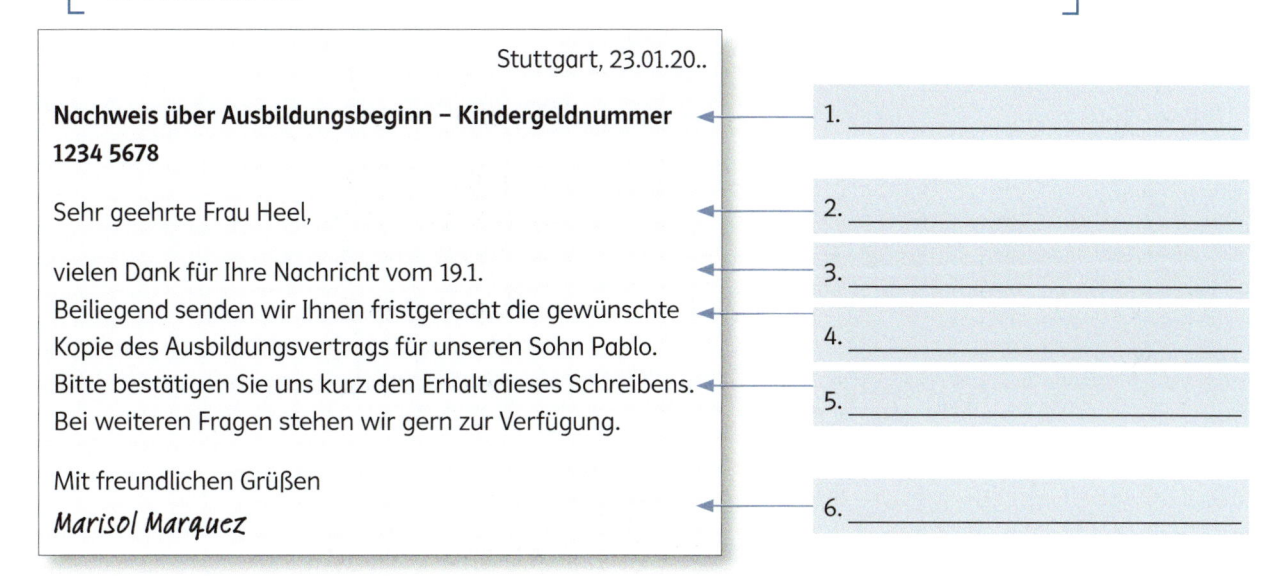

Stuttgart, 23.01.20..

Nachweis über Ausbildungsbeginn – Kindergeldnummer 1234 5678 ◄ 1. _____

Sehr geehrte Frau Heel, ◄ 2. _____

vielen Dank für Ihre Nachricht vom 19.1. ◄ 3. _____
Beiliegend senden wir Ihnen fristgerecht die gewünschte ◄ 4. _____
Kopie des Ausbildungsvertrags für unseren Sohn Pablo.
Bitte bestätigen Sie uns kurz den Erhalt dieses Schreibens. ◄ 5. _____
Bei weiteren Fragen stehen wir gern zur Verfügung.

Mit freundlichen Grüßen
Marisol Marquez ◄ 6. _____

2 Ergänzen Sie die Checkliste.

[Sachbearbeiter • sachlichen • Bestätigung • Grußformel • Referenz • Bezug]

Checkliste: Schreiben an Ämter oder Behörden

✓ Form, Anrede und (1) _____ wie im Geschäftsbrief (Kapitel A)

✓ wenn möglich direkt an den zuständigen (2) _____ schreiben

✓ im Betreff die (3) _____ angeben (z. B. Steuernummer, Kundennummer)

✓ (4) _____ auf ein Schreiben nehmen (z. B. „Ihr Schreiben vom ...")

✓ in einem (5) _____, aber höflichen Tonfall schreiben

✓ um schriftliche (6) _____ bitten

65

G 27 Schreiben an Ämter und Behörden

3 Ergänzen Sie die passenden Verben. Einige Verben passen mehrmals. Zu einigen Nomen passen mehrere Verben.

> abführen • beantragen • einhalten • einreichen • entrichten • erheben • melden • nachreichen
> • stellen • vereinbaren • verlängern • zahlen

1. eine Frist _____
2. eine Fristverlängerung _____
3. Steuern _____
4. Kindergeld _____
5. einen Termin _____
6. einen Beitrag _____
7. Belege _____
8. sich arbeitssuchend/arbeitslos _____
9. Einspruch _____
10. einen Antrag _____

4 Ergänzen Sie den Brief. Nicht alle Wörter passen.

> Regina Werner ist mit einem ambulanten Pflegedienst selbstständig. Momentan hat sie einige neue Kunden und deshalb keine Zeit, um sich um die anfallende Büroarbeit zu kümmern.

> Abgabe • beantrage • erstattet • Fristverlängerung • gewährt • schriftlich • Steuernummer
> • Überlastung

---

10. Mai 20..

(1) _____: 999/9501/2278
Identifikationsnummer: 96/052/118/906
(2) _____ ESt- und USt-Erklärung 20..

Sehr geehrte Damen und Herren,

hiermit (3) _____ ich aufgrund momentaner beruflicher
(4) _____ eine Fristverlängerung für die (5) _____
meiner Einkommen- und Umsatzsteuererklärung 20.. bis zum 31.09.20…
Bitte bestätigen Sie mir die Genehmigung der Fristverlängerung (6) _____.
Ich bedanke mich sehr herzlich im Voraus.

Mit freundlichen Grüßen

Regina Werner

TIPP Wichtige Schreiben, z. B. ans Finanzamt, sollten Sie als Einschreiben versenden, um einen Nachweis über den Versand zu haben.

5 Welche Wörter aus dem Brief kennen Sie nicht? Markieren Sie und schlagen Sie nach.

Schreiben an Ämter und Behörden G 27

6 Sie ziehen um und teilen dem Finanzamt Ihre neue Adresse mit. Schreiben Sie die Sätze. Achten Sie auf die Satzzeichen.

Betreff: Änderung meiner Anschrift – Steuer-IdNr. 123456

Sehr geehrte Damen und Herren,

umziehen werde | dass | Ihnen mitteilen | möchte ich | ich | hiermit | zum 1. September

Adresse | neue | Hauptstraße 7, 80999 Waldburg | Meine | lautet

durch den Umzug | des Finanzamts | ändert | teilen Sie mir mit | ob | die Zuständigkeit | bitte |sich

gern | Verfügung | Rückfragen | stehe | für | zur | ich

Mit freundlichen Grüßen
Cihan Baki

7 Lesen Sie die Situation und schreiben Sie eine E-Mail.

Das Finanzamt fordert von Ihnen innerhalb von 7 Tagen Belege über Fahrtkosten. Sie sind aber nächste Woche im Urlaub und brauchen deshalb eine Frist von 14 Tagen.

Betreff: _____

Sehr geehrte Damen und Herren,

28 Schreiben an Versicherungen

1 Ergänzen Sie die E-Mail.

Sophie Ourimi hat sich für eine Radtour das Fahrrad einer Freundin ausgeliehen. Auf dem Rückweg übersieht sie eine rote Ampel und stößt mit einem Auto zusammen. Zum Glück verletzt sie sich nicht, aber am Fahrrad entsteht ein großer Schaden. Frau Ourimi meldet ihn ihrer Haftpflichtversicherung.

[wobei das Fahrrad schwer beschädigt wurde • ich bitte Sie • stehe ich selbstverständlich gern zur Verfügung • Zu dem Schaden kam es wie folgt • Fotos des Schadens sende ich Ihnen im Anhang • hiermit teile ich Ihnen mit]

Betreff: Schadensmeldung Versicherungsnummer 987-ABC654

Sehr geehrte Damen und Herren,

(1) _____, dass ich am 14.8.20.. einen Schaden an einem geliehenen Fahrrad verursacht habe. Die Besitzerin des Fahrrads ist Frau Lena Orlowa, Landstraße 17, 04111 Leipzig.
(2) _____: Am gestrigen Sonntag unternahm ich mit zwei Freundinnen eine Radtour, für die ich mir das Fahrrad von Frau Orlowa ausgeliehen hatte. Um ca. 18:45 übersah ich an der Kreuzung Hauptstraße/Waldstraße eine rote Ampel und stieß mit einem abbiegenden Auto zusammen, (3) _____: Der Rahmen und das Vorderrad sind verzogen und der Lack ist an mehreren Stellen abgesplittert. (4) _____. (5) _____, sich schnellstmöglich mit der Geschädigten in Verbindung zu setzen.
Für Rückfragen (6) _____.

Mit freundlichen Grüßen
Sophie Ourimi

2 Ergänzen Sie die Checkliste.

[möglichst • Versicherungsnummer • zeitnah • W-Fragen • Schäden • chronologisch]

Checkliste: Schadensmeldung

- ✓ (1) _____ angeben
- ✓ die Versicherung (2) _____ kontaktieren (v. a. bei größeren (3) _____)
- ✓ Hergang (4) _____ und genau beschreiben
- ✓ (5) _____ beantworten: wann, wo, was, wie?
- ✓ (6) _____ Fotos des Schadens mitschicken

3 Lesen Sie die Situation und schreiben Sie die E-Mail in Ihr Heft.

Sie haben vergessen, den Herd auszumachen, und in einer Pfanne fängt Öl an zu brennen. Die Flammen breiten sich schnell in der Küche aus. Zwar können sie den Brand schließlich löschen, doch die Hängeschränke über dem Herd, die Kaffeemaschine und der neue Mixer sind stark verbrannt und unbrauchbar. Schreiben Sie an Ihre Hausratversicherung und melden Sie den Schaden.

Schreiben an Versicherungen — G 28

4 Arbeitsunfälle bei der Versicherung anzeigen. Ergänzen Sie die Angaben im Formular mithilfe der Informationen unten.

UNFALLANZEIGE

1 Name und Anschrift des Unternehmens
Snack Fabrik GmbH
Waldweg 13
60780 Neuenburg

2 Unternehmensnummer des Unfallversicherungsträgers
2.47.7/12345

3 Empfänger/-in
Unfallkasse
Unfallstraße 17
53777 Bonn

4 Name, Vorname der versicherten Person
Singh, Rami

5 Geburtsdatum — Tag 17 | Monat 09 | Jahr 1978

6 Straße, Hausnummer: Schillerstraße 7 | Postleitzahl: 6 0 7 8 0 | Ort: Neuenburg

7 ☐ Männlich ☐ Weiblich
8 Staatsangehörigkeit: indisch
9 Leiharbeitnehmer/-in ☐ Ja ☒ Nein

10 Auszubildende/-r ☐ Ja ☐ Nein
11 Die versicherte Person ist ☐ Unternehmer/-in ☐ Gesellschafter/-in Geschäftsführer/-in ☐ mit der Unternehmerin/ dem Unternehmer: ☐ verheiratet ☐ in eingetragener Lebenspartnerschaft lebend ☐ verwandt

12 Anspruch auf Entgeltfortzahlung besteht für ☐6 Wochen
13 Krankenkasse (Name, PLZ, Ort): GMKK, 20800 Hamburg

14 Tödlicher Unfall? ☐ Ja ☐ Nein
15 Unfallzeitpunkt — Tag 03 | Monat 05 | Jahr 20.. | Stunde 10 | Minute 45
16 Unfallort (genaue Orts- und Straßenangabe mit PLZ): Produktionshalle, Snack Fabrik GmbH, Waldweg 13, 60780 Neuenburg

17 Ausführliche Schilderung des Unfallhergangs (Verlauf, Bezeichnung des Betriebsteils, ggf. Beteiligung von Maschinen, Anlagen, Gefahrstoffen)
Hr. Singh ist in der Produktionshalle ausgerutscht, mit dem rechten Arm an die Sortiermaschine gestoßen (Hämatome und Schürfwunden), dann mit dem Kopf auf dem Boden aufgeschlagen (leichte Gehirnerschütterung).

Die Angaben beruhen auf der Schilderung ☒ der versicherten Person ☐ anderer Personen

18 Verletzte Körperteile: rechter Arm, Kopf
19 Art der Verletzung: Hämatome, Schürfwunden, leichte Gehirnerschütterung

---

Rami Singh
Snack Fabrik GmbH
Vorarbeiter
Waldweg 13
60780 Neuenburg
Tel. (0676) 5656-562
E-Mail: singh@snackfabrik.de

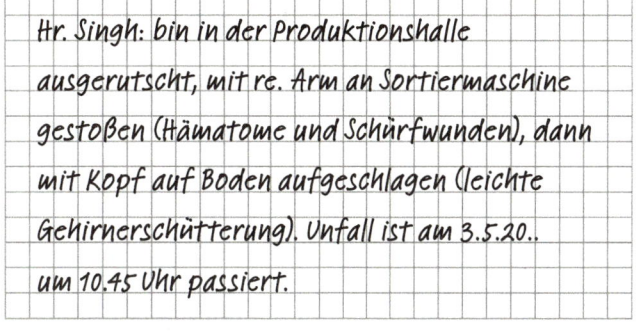

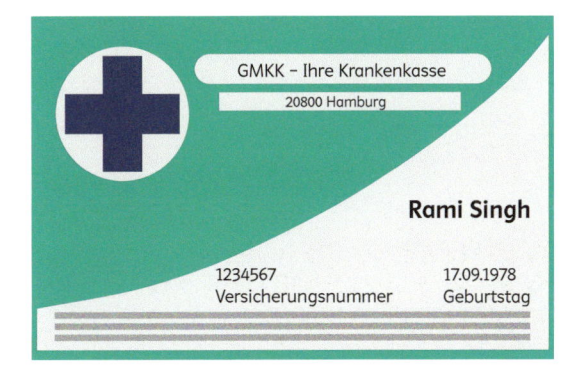

Hr. Singh: bin in der Produktionshalle ausgerutscht, mit re. Arm an Sortiermaschine gestoßen (Hämatome und Schürfwunden), dann mit Kopf auf Boden aufgeschlagen (leichte Gehirnerschütterung). Unfall ist am 3.5.20.. um 10.45 Uhr passiert.

GMKK – Ihre Krankenkasse
20800 Hamburg
Rami Singh
1234567 — Versicherungsnummer
17.09.1978 — Geburtstag

PASSPORT — REPUBLIC OF INDIA

69

29 Einspruch einlegen

1 Ergänzen Sie den Brief.

Da Ana Curianus Tochter Sara ein Studium begonnen hat, hat die Familie weiterhin Anspruch auf Kindergeld. Nun hat Frau Curianu jedoch ein Schreiben der Familienkasse erhalten, in dem der Antrag abgelehnt wird, weil angeblich Nachweise nicht eingereicht wurden.

[Begründung • nochmals • bestätigen • hiermit • prüfen • richtig • angeforderte • weitere]

Ablehnung unseres Antrags auf Weiterzahlung des Kindergelds
Kindergeldnummer: 8765 4321

Sehr geehrte Frau Heel,

(1) _____ legen wir Einspruch gegen Ihren Bescheid vom 7.10. ein, in dem Sie die
(2) _____ Kindergeldzahlung für unsere Tochter Sara ablehnen.
Als (3) _____ schreiben Sie, wir hätten die (4) _____
Immatrikulationsbescheinigung nicht eingereicht. Das ist jedoch nicht (5) _____.
Ich habe Ihnen die Bescheinigung am 18.9. per Post zugeschickt. Zur Sicherheit lege ich Ihnen die
Bescheinigung (6) _____ bei.
Ich bitte Sie, mir den Erhalt der Bescheinigung zu (7) _____ und unseren Antrag
auf Kindergeld erneut zu (8) _____.
Bei weiteren Fragen stehen wir gern zur Verfügung.

Mit freundlichen Grüßen
Ana Curtianu

TIPP Wenn Sie Einspruch einlegen, ist es besonders wichtig, angegebene Fristen einzuhalten. Nach Ablauf der Frist ist ein Einspruch nicht mehr möglich.

TIPP Sie sollten einen Einspruch unmissverständlich formulieren, z. B. „Hiermit lege ich gegen … Einspruch ein." oder „Hiermit erhebe ich gegen … Widerspruch."

2 Lesen Sie die Situation und schreiben Sie eine E-Mail an die Krankenkasse.

Bei einem Sportunfall haben Sie sich einen komplizierten Beinbruch zugezogen. Ihr Arzt empfiehlt Ihnen, eine Reha-Maßnahme zu beantragen. Mit einem Bescheid vom 14.8. hat Ihre Krankenkasse den Antrag abgelehnt. Ihr Arzt sagt aber, dass Sie ohne Reha länger krankgeschrieben werden müssen und außerdem in Zukunft vielleicht nicht mehr den ganzen Tag arbeiten können. Schreiben Sie einen Widerspruch und bitten Sie den Sachbearbeiter, Herrn Peters, den Antrag noch einmal zu prüfen.

30 Prüfungsaufgaben Schreiben B2+ Beruf

1 Lesen Sie die Aufgabenstellung genau und schreiben Sie passende Texte. Für die Aufgaben 1 und 2 haben Sie 60 Minuten Zeit.

Situation
Sie arbeiten bei der Marketingagentur Thiele & Partner. Ihr Vorgesetzter bittet Sie, eine Anfrage (s. nächste Seite) zu beantworten. Sie haben aber noch Fragen, die Sie auf dem Schreiben bereits markiert haben.

Aufgabe
Schreiben Sie eine E-Mail, in der alle Informationen berücksichtigt sind, die unten und auf der nächsten Seite zu finden sind. Beginnen Sie mit der Betreffzeile. Verwenden Sie eine passende Einleitung und einen passenden Schluss.
Schreiben Sie in vollständigen Sätzen (keine Stichworte, keine Auflistung etc.).

Bearbeiten Sie in Ihrem Schreiben alle sechs Punkte:

- Fordern Sie weitere Produktinformationen an.

- Schlagen Sie vor, für eine Produktpräsentation in die Firma zu kommen.

- Kündigen Sie das angeforderte Angebot an.

- Empfehlen Sie einen Schwerpunkt für die Werbekampagne.

- Raten Sie dazu, alle Leistungen im Paket zu buchen (günstiger).

- Schlagen Sie einen Termin für die Präsentation erster Ideen vor.

Plönz GmbH
Postfach 17 89 10
10110 Brummburg
E-Mail: produktion@ploenzgmbh.eu

Plönz GmbH

Thiele & Partner
Werbetrommelweg 20
71900 Marktdorf

Brummburg, 11.März 20..

Bitte um ein Angebot

Sehr geehrte Damen und Herren,

Ihre Agentur wurde uns von einem Geschäftspartner empfohlen. Wir sind ein mittelständisches Unternehmen im Bereich der Lebensmittelproduktion und haben uns auf glutenfreie Fertiggerichte spezialisiert.

Für unsere neue Produktreihe „Glutenfrei glücklich mit Gemüse", Fertiggerichte mit hohem Gemüseanteil, die Anfang nächsten Jahres auf den Markt kommen soll, wünschen wir uns eine effektive Werbekampagne. Hierfür bitten wir um ein Angebot.
Konkret soll die Kampagne Folgendes umfassen:
- Radio-Spot
- Werbeanzeigen in Zeitschriften und im Internet
- evtl. auch Online-Marketing über Social Media o. Ä. *Empfehlung: Social Media als Schwerpunkt*

Was würde es kosten, ein Konzept für die genannten Leistungen zu entwickeln? Könnten Sie alle Posten separat ausweisen, sodass wir uns ggf. auch nur für einzelne Komponenten entscheiden können? Wir bitten Sie auch, uns einen Zeitplan mit den wichtigsten Meilensteinen zu übermitteln.
erste Ideen in 2 Wochen möglich

Für weitere Fragen stehen wir gerne zur Verfügung. Vielen Dank im Voraus für Ihre Mühe.

Mit freundlichen Grüßen
Franziska Kühnel
Plönz GmbH

2 Lesen Sie die Aufgabenstellung genau und schreiben Sie einen passenden Text.

Situation
Frau Schmidt, Ihre Teamleiterin, ist seit gestern krank und kann sich nicht selbst um ihre E-Mails kümmern. Sie hat Sie gebeten, Ihre Mails zu beantworten. Beantworten Sie die E-Mail und beachten Sie die Anmerkungen Ihrer Chefin.

Aufgabe
Schreiben Sie eine Notiz oder Nachricht. Eine Adresse und ein Datum sind nicht erforderlich. Vergessen Sie jedoch nicht eine passende Einleitung und einen passenden Schluss.

Von: k.lampe@wohngut.eu
An: c.schmidt@wohngut.eu
Betreff: Teamleitertreffen

Sehr geehrte Frau Schmidt,

am Mittwoch, 22.8. um 14 Uhr steht unser nächstes Teamleitertreffen an. Ich hoffe, Sie können an diesem Termin teilnehmen.

Wie Sie wissen, haben wir aktuell große Engpässe beim Personal. Das wichtigste Thema wird daher sein, wie wir damit umgehen und welche Lösungsmöglichkeiten es gibt. Es wäre schön, wenn Sie als Diskussionsgrundlage bereits Vorschläge zu diesem Punkt ausarbeiten und vorab an alle Teamleiter senden könnten. Bitte geben Sie mir doch kurz Bescheid, bis wann das möglich ist.

Die anderen Teamleiter und ich kümmern uns um die Vorbereitung der weiteren Themen (Urlaubsregelungen, Großauftrag Stadt).

Vielen Dank im Voraus.

Mit freundlichen Grüßen
Kurt Lampe

---

1. Termin bestätigen
2. weiterer TOP: Firmenjubiläum
3. Vorschläge kommen bis 17.8.

3 Lesen Sie die Aufgabenstellungen genau und schreiben Sie passende Texte.
Für die Aufgaben 3 und 4 haben Sie 60 Minuten Zeit.

Situation
Sie arbeiten bei der PTW GmbH, einem Hersteller von Solarzellen, und sollen bei der GB Bau GmbH ein Angebot für den Bau einer neuen Produktionshalle einholen.

Aufgabe
Schreiben Sie eine E-Mail, in der alle Informationen berücksichtigt sind, die unten und auf der nächsten Seite zu finden sind. Beginnen Sie mit der Betreffzeile. Verwenden Sie eine passende Einleitung und einen passenden Schluss.
Schreiben Sie in vollständigen Sätzen (keine Stichworte, keine Auflistung etc.).

Bearbeiten Sie in Ihrem Schreiben alle sechs Punkte:

- Fordern Sie ein Angebot an.
- Beschreiben Sie die gewünschten Dienstleistungen.
- Geben Sie Informationen zur Größe/Bauweise der geplanten Halle.
- Schreiben Sie die Wünsche bzgl. Trockenbau.
- Schlagen Sie einen Termin für die Vermessung vor.
- Fragen Sie nach dem Fertigstellungstermin.

GB Bau GmbH
Betonweg 19
90801 Kranenburg

PTW GmbH
Gelber Weg 13
18778 Sonnenhausen

12.03.20..

Unser Angebot für Sie!

Sehr geehrte Damen und Herren,

die GB Bau GmbH ist ein Bauunternehmen, das sich auf die Erweiterung und den Neubau von Firmenbauten wie Bürogebäude, Lager- und Produktionshallen spezialisiert hat.

Es sieht wirtschaftlich gut aus in Deutschland – und damit das auch für Ihre Firma so bleibt, sollten Sie rechtzeitig im Blick haben, ob Sie Ihren Produktions- und Lagerbedarf mit den aktuellen Mitteln auch zukünftig noch decken können. Planen Sie die Erweiterung nicht erst dann, wenn Sie sie wirklich brauchen.

Wir bieten alles aus einer Hand:
- Beratung auf der Basis von aktuellen und prognostizierten Produktionszahlen *Beratung nicht erforderlich*
- Vermessung, Statik, Beratung zu Baugenehmigungen *Vermessung und Statik: ja*
- Tief- und Hochbau *Halle in Massivbau 30 x 40 Meter, kein Keller, lichte Höhe 10 Meter, Flachdach*
- Trockenbau *Vorbereitung von Lüftungsschächten und Kabelkanälen*
- Vermittlung von Inneneinrichtern/-architekten

Haben wir Ihr Interesse geweckt? Gerne erstellen wir ein individuelles Angebot für Sie oder bieten Ihnen zunächst ein unverbindliches Beratungsgespräch an. Unsere Mitarbeiter kommen selbstverständlich zu einem Termin in Ihr Unternehmen.

Mit freundlichen Grüßen

Greta Baumeister
GB Bau GmbH

4 Lesen Sie die Aufgabenstellung genau und schreiben Sie einen passenden Text.

Situation
Für das Firmenjubiläum haben Sie ein Cateringunternehmen beauftragt und heute die Auftragsbestätigung erhalten. Kurz nach Erhalt der E-Mail haben sich aber noch Änderungen ergeben. Schreiben Sie dem Cateringunternehmen.

Aufgabe
Schreiben Sie eine Notiz oder Nachricht. Eine Adresse und ein Datum sind nicht erforderlich. Vergessen Sie jedoch nicht eine passende Einleitung und einen passenden Schluss.

Von: j.kolb@kolbcatering.eu
An: u.wagner@technoag.eu
Betreff: Auftragsbestätigung Catering

Sehr geehrter Herr Wagner,

wie telefonisch besprochen bestätige ich Ihnen hiermit folgende Leistungen:

Catering für 50 Personen im Rahmen Ihres Firmenjubiläums (in Ihrer Firma) am 12.05., im Einzelnen:

kaltes Buffet (inkl. Brot, Butter)	20,00 Euro p. P.
Erfrischungsgetränke ohne Begrenzung	5,00 Euro p. P.
2 Gläser Sekt p. P. zum Empfang	2,00 Euro p. P.
Leihgeschirr und -besteck	1,00 Euro p. P.
Tischdekoration	200,00 Euro pauschal
SUMME	1600,00 Euro zzgl. 19 % USt.

Vielen Dank für Ihren Auftrag!

Mit freundlichen Grüßen
Jutta Kolb
Kolb Catering

- Irrtum beim Datum: 13.5., nicht 12.5.
- statt 50 nur 45 Personen wg. Dienstreise
- doch aufwändigere Dekoration möglich?

31 Prüfungsaufgaben Schreiben B1-B2 Beruf

1 Lesen Sie die Aufgabenstellungen genau und schreiben Sie passende Texte.
Für die Aufgaben 1 und 2 haben Sie 45 Minuten Zeit.

Situation
Ihre Firma, die Backgut GmbH, eine Großbäckerei, hat Probleme mit der Produktionsanlage, die seit Jahren von der Firma TechnoFix gewartet wird. Sie können den Kundenservice telefonisch nicht erreichen. Sie sind verärgert.

Aufgabe
Ihr Chef bittet Sie, an Frau Marx von der Firma TechnoFix zu schreiben: m.marx@technofix.eu
Schreiben Sie an Frau Marx. Vergessen Sie nicht den Betreff, die Anrede, eine passende Einleitung und einen passenden Schluss. Wählen Sie eine sinnvolle Anordnung der Punkte. Bearbeiten Sie folgende Punkte angemessen und ausführlich:

- **Was erwarten Sie von der Firma TechnoFix?**
- **Welche Probleme haben Sie?**
- **Welche Konsequenzen hat die Situation für die Zusammenarbeit?**

2 Lesen Sie die Aufgabenstellung genau und schreiben Sie einen passenden Text.

Situation
Ihr Kollege Richard Schneider ist bis zum 10.9. in Urlaub und hat Sie gebeten, seine E-Mails zu bearbeiten.

Aufgabe
Schreiben Sie eine E-Mail. Vergessen Sie nicht den Betreff, die Anrede, eine passende Einleitung und einen passenden Schluss.

Von: m.bauer@tmc.eu
Gesendet: 01.09., 12:14
An: r.schneider@tmc.eu
Betreff: Besprechung der Unternehmensziele am 10.9.

Sehr geehrter Herr Schneider,

am 10. September steht die jährliche Besprechung der Unternehmensziele für das kommende Jahr an. Wir treffen uns um 8.15 Uhr im 3. OG in Raum N902. Bitte denken Sie daran, die Tischvorlagen mitzubringen, die wir Ihnen vorab per Mail zusenden werden.
Bitte bestätigen Sie die Teilnahme kurz per Mail. Vielen Dank.

Mit freundlichen Grüßen
Marina Bauer

Bearbeiten Sie folgende Punkte angemessen ausführlich:

- **Grund für Ihre E-Mail**
- **Rücksprache mit Herrn Schneider notwendig?**
- **Vertretung möglich?**

H 31 Prüfungsaufgaben Schreiben B1-B2 Beruf

3 Lesen Sie die Aufgabenstellungen genau und schreiben Sie passende Texte.
Für die Aufgaben 3 und 4 haben Sie 45 Minuten Zeit.

Situation
Sie arbeiten in der Steuerkanzlei Fuchs & Sohn. Ihre Chefin möchte die Räume renovieren lassen.

Aufgabe
Ihre Chefin bittet Sie, eine E-Mail an die Firma Ruthe Innenbau zu schreiben und ein Angebot einzuholen. Schreiben Sie an die Firma Ruthe. Vergessen Sie nicht den Betreff, die Anrede, eine passende Einleitung und einen passenden Schluss. Wählen Sie eine sinnvolle Anordnung der Punkte.

Bearbeiten Sie folgende Punkte angemessen und ausführlich:

- **Zeitraum für die Arbeiten?**
- **Beschreibung der Räumlichkeiten**
- **Was genau soll gemacht werden?**

4 Lesen Sie die Aufgabenstellung genau und schreiben Sie einen passenden Text.

Situation
Sie arbeiten in einer Einrichtung für betreutes Wohnen. Ihre Kollegin Inge Hammer ist vom 12. bis 25. März im Urlaub und hat Sie gebeten, ihre E-Mails zu bearbeiten.

Aufgabe
Schreiben Sie eine E-Mail. Vergessen Sie nicht den Betreff, die Anrede, eine passende Einleitung und einen passenden Schluss.

Von: o.putz@rosenbluete.eu
Gesendet: 13.3., 18:12
An: wohngruppe1@rosenbluete.de
Betreff: neue Teamleitung

Liebe Kolleginnen und Kollegen,

wie ihr wisst, übernimmt Herr Wohlauf bald die Teamleitung von mir. Nun gibt es aber eine Änderung, denn entgegen der ursprünglichen Planung wird er die Leitung schon zum 20. März übernehmen, nicht erst zum 1. April. Wir laden euch alle zu einem Treffen am 25. März ein, bei dem sich Herr Wohlauf vorstellen und verschiedene Änderungen der Arbeitsabläufe bekanntgeben wird. Es ist daher wichtig, dass ihr alle zu diesem Termin erscheint. Entschuldigt bitte die kurzfristige Änderung.

Viele Grüße
Olga

Bearbeiten Sie folgende Punkte angemessen ausführlich:

- **Grund für Ihre E-Mail**
- **Fragen zu den geänderten Arbeitsabläufen**
- **Weitergabe der Informationen?**

32 Prüfungsaufgaben Schreiben B2-C1 Beruf

1 Lesen Sie die Aufgabenstellung genau und schreiben Sie einen passenden Text.
Sie haben 10 Minuten Zeit.

Situation
Sie arbeiten im Sekretariat der METATECH GmbH. Für Ihren Chef und die sieben Außendienstmitarbeiter sollen Sie ein Hotel in Neuenburg buchen, wo sie eine Messe besuchen möchten.

Aufgabe
Schreiben Sie eine E-Mail an das Hotel „Plaza" in Neuenburg und erkundigen Sie sich nach den unten aufgeführten Punkten.

Vergessen Sie nicht den Betreff, die Anrede, eine passende Einleitung und einen passenden Schluss. Wählen Sie eine sinnvolle Anordnung der Punkte. Bearbeiten Sie folgende Punkte angemessen und ausführlich:

- wie viele Zimmer/Zeitraum?
- Firmentarif?
- Parkmöglichkeiten?

2 Lesen Sie die Aufgabenstellung genau und schreiben Sie einen passenden Text.
Sie haben 15 Minuten Zeit.

Situation
Sie arbeiten bei der Nutonga KG, einem Produzenten von Kakaoprodukten. Ihre Firma hat seit Jahren einen Vertrag mit dem Logistikunternehmen EIM für die Auslieferung der Produkte. In letzter Zeit gab es jedoch häufig Probleme, z. B. unpünktliche Zustellung und beschädigte Ware.

Aufgabe
Schreiben Sie eine E-Mail an die Firma EIM.
Schreiben Sie in Ihrer E-Mail etwas zu folgenden Punkten:

- Welche Probleme gab es?
- Welche Konsequenzen hatte das für Sie bzw. die Kunden?
- Ihre Forderungen

3 Lesen Sie die Aufgabenstellung genau und schreiben Sie einen passenden Text. Sie haben 35 Minuten Zeit.

Ihr Chef bittet Sie, eine Diskussionsvorlage zu schreiben. Zwei Optionen zum Thema wurden bereits identifiziert.

- Erläutern Sie die genannten zwei Optionen oder eine andere Option Ihrer Wahl.
- Begründen Sie, welche Option Sie empfehlen und welche Vorteile sich für Ihre Firma ergeben könnten.

Bitte wählen Sie Variante A oder B aus.

Variante A

Arbeitgeber:	Immobilienverwaltung IMMO-Z mit etwa 30 Mitarbeitern
Situation:	In dem angemieteten Bürogebäude gab es in letzter Zeit häufiger Stromausfälle, die die Arbeit erheblich beeinträchtigt haben. Die Geschäftsleitung denkt daher über einen Umzug nach.
Optionen:	○ Neubau eines Bürogebäudes auf einem firmeneigenen Grundstück im Stadtzentrum ○ Anmietung anderer Büroräume, die derzeit nur am Stadtrand frei sind

Variante B

Arbeitgeber:	UMZ GmbH, ein Hersteller von Werkzeugen mit rund 50 Mitarbeitern
Situation:	Demnächst werden neue Maschinen benötigt.
Optionen:	○ Maschinen für einen bestimmten Zeitraum leasen und Wartungsverträge abschließen ○ Maschinen kaufen, ggf. auch gebraucht, und die Wartung an externe Firmen vergeben

4 Lesen Sie die Aufgabenstellung genau und schreiben Sie einen passenden Text.
Sie haben 10 Minuten Zeit.

Situation
Sie arbeiten bei DentalPro, einem großen Zahnlabor. Ihre Chefin möchte neue Arbeitskleidung für die Firma bestellen und bittet Sie, ein Angebot bei der ProfiKleidung KG einzuholen.

Aufgabe
Schreiben Sie eine E-Mail an die ProfiKleidung KG und erkundigen Sie sich nach den unten aufgeführten Punkten.

Vergessen Sie nicht den Betreff, die Anrede, eine passende Einleitung und einen passenden Schluss. Wählen Sie eine sinnvolle Anordnung der Punkte. Bearbeiten Sie folgende Punkte angemessen und ausführlich:

- Anzahl und Art der Kleidung?
- Lieferbedingungen und -fristen?
- Rabatte?

5 Lesen Sie die Aufgabenstellung genau und schreiben Sie einen passenden Text.
Sie haben 15 Minuten Zeit.

Situation
Sie arbeiten bei der HML GmbH. Ihre Firma hat eine neue Software zur Auftragsverwaltung gekauft. Leider gibt es mit der Software Probleme, da sie unzuverlässig ist und auch nicht alle versprochenen Funktionen enthält. Sie beschweren sich.

Aufgabe
Entwerfen Sie eine E-Mail an die Firma DataSoft, bei der die Software gekauft wurde. Schreiben Sie in Ihrer E-Mail etwas zu folgenden Punkten:

- Welche Probleme gibt es?
- Was fordern Sie?
- Auswirkungen der Probleme auf den Arbeitsalltag

6 Lesen Sie die Aufgabenstellung genau und schreiben Sie einen passenden Text. Sie haben 35 Minuten Zeit.

Ihr Chef bittet Sie, eine Diskussionsvorlage zu schreiben. Zwei Optionen zum Thema wurden bereits identifiziert.

- Erläutern Sie die genannten zwei Optionen oder eine andere Option Ihrer Wahl.
- Begründen Sie, welche Option Sie empfehlen und welche Vorteile sich für Ihre Firma ergeben könnten.

Bitte wählen Sie Variante A oder B aus.

Variante A

Arbeitgeber:	Bildungszentrum Wittgenstein mit 35 Mitarbeitern
Situation:	Der Mietvertrag für die Seminarräume wurde nicht verlängert und in der näheren Umgebung gibt es keine Alternative. Die Geschäftsleitung sucht eine Lösung.
Optionen:	○ Schulungen zukünftig nur noch bei Kunden (Firmen, Ämtern etc.) durchführen und auf eigene Räume verzichten ○ Umzug der Firma in einen anderen Stadtteil, in dem die Mieten günstiger sind

Variante B

Arbeitgeber:	Logistikunternehmen Brüderle & Söhne, spezialisiert auf Firmenumzüge
Situation:	Die Umsatzzahlen der letzten Jahre sind rückläufig, sodass die Geschäftsleitung erwägt, sich im Hinblick auf die Spezialisierung neu zu orientieren.
Optionen:	○ Einschätzung einer externen Unternehmensberatung anfordern ○ firmenintern eine Arbeitsgruppe bilden, die mögliche neue Geschäftsfelder identifiziert

33 Lösungen

Bitte beachten Sie: Bei Lösungen für freie und offene Aufgaben (wenn z. B. eine E-Mail zu einer Situation geschrieben werden soll) handelt es sich um Muster- bzw. Beispieltexte. Lassen Sie Ihre Lösung am besten von einer Muttersprachlerin / einem Muttersprachler überprüfen.

A Schriftliche Kommunikation: Grundlagen

1 Brief, E-Mail und Notiz

1 1. E-Mail, Notiz, 2. Brief, E-Mail, 3. Brief, E-Mail, 4. Brief, E-Mail, 5. E-Mail, Notiz, 6. Brief

2 1b, 2d, 3e, 4a, 5c

3 1. Absender, 2. Anschrift, 3. Ort und Datum, 4. Betreff, 5. Anrede, 6. Absatz, 7. Gruß, 8. Unterschrift

4 1. Datum, 2. Betreff, 3. Leerzeile, 4. Komma, 5. klein, 6. Absätze, 7. Grußformel, 8. handschriftliche, 9. Kugelschreiber

5 1. Absender, 2. Empfänger, 3. cc, 4. Betreff, 5. Anrede, 6. Absatz, 7. Gruß, 8. Signatur

6 1. aussagekräftig, 2. danach, 3. unterteilen, 4. Sätzen, 5. verwenden, 6. Anhänge, 7. Grußformel, 8. Nachname, 9. Signatur, 10. Postanschrift

7 1. team-produktion@wea-gmbh.de, 2. Termin Teambesprechung, 3. leider kann unsere Teambesprechung am kommenden Montag nicht stattfinden, da mehrere Kolleginnen und Kollegen bis einschließlich Dienstag auf einer Fortbildung sind. Ich schlage als Ersatztermin Mittwoch, den 3. Februar, vor. Gebt mir doch bitte kurz Bescheid, ob euch der neue Termin passt. Vielen Dank im Voraus!

8 bin Fr nicht im Büro. Kannst du bitte unsere aktuellen Zahlen an Frau Mayer senden? Bis 14 Uhr wäre super. Danke!

9 1. Wichtigste, 2. Stichworte, 3. Anrede, 4. höflich, 5. sichtbar, 6. Telefon

2 Formell oder informell?

1 1. per Sie, 2. per Du, per Sie, 3. per Du, per Sie, 4. per Du, per Sie, 5. per Sie, 6. per Sie

2 […] vielen Dank für Ihre Anfrage. Leider habe ich Sie telefonisch nicht erreicht, daher gebe ich Ihnen nun zunächst per E-Mail eine Rückmeldung.
Gerne führen wir Ihren Umzug im kommenden Monat durch. Damit wir ein verbindliches Angebot für Sie erstellen können, sollte einer unserer Mitarbeiter die Räume vorab besichtigen, um sie ausmessen und so das Volumen Ihres Umzugsguts berechnen zu können. Außerdem hatten Sie erwähnt, dass Sie auch eine Garage haben – soll sie auch ins Angebot aufgenommen werden?
Eine Ihrer Nachbarinnen hat uns gebeten, ihren Umzug ebenfalls durchzuführen – falls Sie wünschen, können wir gerne ein gemeinsames Angebot erstellen.
Könnten Sie sich bitte mit uns in Verbindung setzen, um einen Termin abzusprechen? Selbstverständlich entstehen Ihnen durch den Termin keine Kosten.
Ich danke Ihnen sehr herzlich im Voraus! […]

3 1. a, c, h; 2. c, h; 3. b, d, e, f, g, i, j, k, l; 4. a, c, h

4 1. Lieber Tobias … Viele Grüße ; 2. Sehr geehrter Herr Weiß … Mit freundlichen Grüßen; 3. Sehr geehrter Herr Eich … Mit freundlichen Grüßen; 4. Liebe / Hallo …; 5. Sehr geehrte Damen und Herren …. Mit freundlichen Grüßen

5 a) U, b) S, c) S, d) U, e) S, f) U, g) U, h) S, i) S j) U, k) U, l) S

6 1. leider ist er heute außer Haus. 2. Leider müssen wir den Termin verschieben. 3. Geben Sie doch bitte Bescheid, ob der Termin passt. 4. Hier war total viel los. 5. An dem Termin kann ich echt nicht. 6. Gib bitte ganz fix Bescheid.

7 a)
> Sehr geehrte Frau Moore,
>
> leider muss ich den Termin für unser Mittagessen verschieben, da ich kurzfristig am Donnerstagmittag einen Arzttermin wahrnehmen muss. Ich hätte aber sowohl am Mittwoch als auch am Freitag Zeit, vielleicht könnten wir den Termin auf einen der beiden Tage verschieben?
> Über eine kurze Rückmeldung freue ich mich und danke Ihnen für Ihr Verständnis.
>
> Mit freundlichen Grüßen

b)
> Lieber Jurek,
>
> wir sind ja morgen verabredet, um auf den Flohmarkt zu gehen. Ich kann nun aber leider nicht, weil ich dringend zum Zahnarzt muss. Hast du auch am Nachmittag Zeit? Melde dich doch kurz zurück. Danke!
>
> Viele Grüße

B Bewerbung und Einstellung

3 Online-Profil

1 1. Name, 2. Beruf, 3. Ausbildung, 4. Berufserfahrung, 5. Kompetenzen, 6. Stärken

2 1. Stichpunkten, 2. Ausbildung, 3. Zusatzqualifikationen, 4. Fähigkeiten, 5. Stärken

3 <u>Ausbildung</u>: abgeschlossenes Studium (B.A.) zum Kommunikationsdesigner, Ausbildung zur Mechatronikerin; <u>Kompetenzen</u>: MS-Office (sehr gut), 3-monatige Zusatzqualifikation: Mitarbeiterführung (A&Z Akademie), Stenografie (gut), Englisch (verhandlungssicher), langjährige Erfahrungen im Projektmanagement; <u>Stärken</u>: Zuverlässigkeit, Teamfähigkeit, Pünktlichkeit, Flexibilität; <u>gehört nicht in ein berufliches Profil</u>: Tennis (sehr gut), Vorliebe für indisches Essen, schwarzer Humor, großer Freundeskreis

4 1. Organisation/Planung von Abläufen, 2. Studium der Mathematik und Informatik (B.A.), Ausbildung zum Frisör, 3. zertifizierter Mediator (VHS Neustadt), Erfahrung als Teamleiter in einer großen Versicherung, Spanisch (C1), 4. zuverlässig, flexibel

6 1b, 2a, 3a, 4a, 5a, 6a, 7b, 8a

7 1. knapp, 2. Nominalisierungen, 3. Schwerpunkt, 4. Eintrittsdatum

8 Suche zum 1. Mai oder später eine Stelle als Reiseleiterin in Deutschland, bezüglich des Ortes bin ich flexibel. Habe bereits in Deutschland und China deutsche und chinesische Reisegruppen begleitet und bringe darüber hinaus auch Berufserfahrung als Unternehmensberaterin und Sprachlehrerin im deutsch-chinesischen Kontext mit. Referenzen gerne auf Anfrage. Meine Stärken sind neben meiner ausgeprägten Sprachkompetenz vor allem Zuverlässigkeit und Flexibilität, und ich arbeite gerne im Team.

Lösungen

4 Tabellarischer Lebenslauf

1 1. Persönliche Daten, 2. Familienstand, 3. Mobil, 4. Berufserfahrung, 5. Ausbildung, 6. Sprachen, 7. Computerkenntnisse

2 1. Lebenslauf, 2. Spalten, 3. Seiten, 4. Abschnitte, 5. Daten, 6. Sprachkenntnisse, 7. Reihenfolge, 8. aktuellste, 9. Stichpunkten, 10. Bewerbungsfoto, 11. Datum, 12. Unterschrift

3 1. Ausbildung, 2. Persönliche Daten, 3. Ausbildung, 4. gar nicht, 5. Berufserfahrung, 6. Kompetenzen, 7. Persönliche Daten, 8. Ausbildung, 9. gar nicht, 10. Persönliche Daten, 11. Berufserfahrung, 12. gar nicht, 13. Ausbildung, 14. Persönliche Daten

4 1. Küchenleiterin, Kantine der Stadtverwaltung, 2. 08/2007 – 07/2009, 3. Restaurant „Sonne", Sternburg, 4. 07/2007, 5. Köchin, 6. seit 08/2018, 7. Erzieher, 8. Köln, 9. 07/2015 – 07/2018, 10. Ausbildung zum Erzieher, 11. Gitarre, Querflöte, 12. seit 11/2014, 13. Ingenieurin bei UV Schafhausen, 14. 10/2010 – 04/2014, 15. Studium der Ingenieurwissenschaften, Universität Bratislava, 16. Muttersprache, 17. Deutsch, 18. C1, 19. C1, 20. Polnisch, 21. B1, 22. seit 05/2019, 23. Kellner, Restaurant Waldheim, Kempten, 24. Automechaniker, Werkstatt Amadi, Abuja, Nigeria, 25. B1 (DTZ)

5 Bewerbungsanschreiben

1 Anzeige 1: 1. zum 1.9., 2. zwei Jahre Berufserfahrung als Gartenbauingenieur, 3. -, 4. Herr Hermann Junkers, 5. innerhalb von 14 Tagen, 6. per Post; Anzeige 2: 1. spätestens zum 1.10., 2. kaufmännische Ausbildung und Erfahrungen in leitender Position, 3. Sprachkenntnisse in Englisch und Französisch, 4. Frau Gerda Threu, 5. bis zum 15.6., 6. per E-Mail; Anzeige 3: 1. zum nächstmöglichen Termin, 2. Ausbildung im kaufmännischen Bereich, 3. Organisationstalent und Flexibilität, 4. Herr Torsten Zumwinkel, 5. bis zum 30.6., 6. per E-Mail

2 1. Ihre o.g. Stellenausschreibung, 2. erfolgreich abgeschlossen, 3. im Anschluss, 4. Tätigkeiten, 5. Aufgabenbereich, 6. abgewickelt, 7. besucht, 8. gesammelt, 9. Arbeitsverhältnis, 10. Herausforderungen, 11. zu einem persönlichen Gespräch

3 1. Seite, 2. Absätze, 3. Sätze, 4. Emoticons, 5. unterschreiben, 6. Anschreiben, 7. Betreff, 8. die Stellenanzeige, 9. die Ausbildung/Qualifikation, 10. die Stelle, 11. Eintrittsdatum, 12. Gehaltsvorstellungen, 13. eine Einladung zum Vorstellungsgespräch

4 1d, 2e, 3f, 4c, 5b, 6a

5
> Sehr geehrter Herr Zumwinkel,
>
> mit großem Interesse habe ich Ihre o. g. Stellenanzeige gelesen und bewerbe mich hiermit um diese Position.
>
> Im Jahr 2009 habe ich meine Ausbildung zur Kauffrau im Groß- und Außenhandel bei der K&L GmbH mit der Note „sehr gut" abgeschlossen. Seitdem bin ich bei der Sasuki GmbH als kaufmännische Angestellte in der Export-Abteilung tätig. Meine Tätigkeiten umfassen die Buchhaltung für Wareneingänge und -ausgänge sowie die Ablage in diesem Bereich.
> Von Vorteil im Umgang mit internationalen Kunden sind meine Sprachkenntnisse in Englisch (C1) und Spanisch (B2). Zu meinen Stärken zählen Teamfähigkeit, Organisationstalent und strukturiertes Arbeiten. Auch in stressigen Situationen behalte ich den Überblick und setze Prioritäten.
> Ich könnte die Stelle zum 15. April antreten. Hinsichtlich der Arbeitszeit bin ich flexibel und gerne bereit, auch am Wochenende zu arbeiten.
>
> Über die Einladung zu einem persönlichen Gespräch würde ich mich sehr freuen.
>
> Mit freundlichen Grüßen
> Rachel Smaland

6 1e, 2d, 3a, 4b, 5c

7 1. abgeschlossen, 2. zweisprachig, 3. verfüge, 4. begeistert, 5. Freude, 6. gängigen, 7. vertraut, 8. einbringen

8
> **Betreff:** Ihre Stellenanzeige in der Abendpost: Gartenbauingenieur
>
> Sehr geehrter Herr Junkers,
>
> mit großem Interesse habe ich Ihre o. g. Stellenanzeige gelesen und bewerbe mich hiermit um diese Position.
>
> Im Jahr 2007 habe ich mein Studium des Gartenbaus an der Universität Osaka mit Auszeichnung abgeschlossen. Danach habe ich zunächst bei Shogung Nature & Garden in Tokio als Gartenbauingenieur gearbeitet und war später fünf Jahre bei der Stadt Rosendorf angestellt. In diesen insgesamt sieben Jahren Berufserfahrung habe ich viel gelernt und freue mich nun auf neue Herausforderungen. Von Vorteil für die von Ihnen angebotene Stelle ist meine Fortbildung im Bereich „Steingärten", die ich am Institut für Gartentechnik in Hamburg absolviert habe. Gerne würde ich in diesem spannenden Bereich arbeiten und meine Kenntnisse anwenden. Zu meinen Stärken zählen Teamfähigkeit, Kompromissbereitschaft und meine Freude an Ästhetik und Natur.
> Hinsichtlich der Arbeitszeit bin ich flexibel und gerne bereit, auch am Wochenende zu arbeiten. Ich könnte die Stelle zum 1. September antreten.
>
> Über die Einladung zu einem persönlichen Gespräch würde ich mich sehr freuen.
>
> Mit freundlichen Grüßen

6 Vor und nach dem Vorstellungsgespräch

1 1. Leider, 2. bereits, 3. Möglichkeit, 4. verschieben, 5. im Voraus, 6. Antwort

2 1a, c; 2b, c; 3b, c; 4a, b; 5b, c

3 a)
> **Betreff:** Re: Einladung zum Vorstellungsgespräch
>
> Sehr geehrter Herr Schulz,
>
> ich freue mich sehr über Ihre Einladung zu einem Vorstellungsgespräch.
> Gerne bestätige ich den von Ihnen vorgeschlagenen Termin. Könnten Sie mir kurz mitteilen, ob Ihre Firma die Reisekosten übernimmt?
> Ich bedanke mich im Voraus für Ihre Antwort und freue mich auf unser Kennenlernen.
>
> Mit freundlichen Grüßen
> Niu Chang

b)
> **Betreff:** Re: Einladung zum Vorstellungsgespräch
>
> Sehr geehrter Herr Schulz,
>
> ich freue mich sehr über Ihre Einladung zu einem Vorstellungsgespräch.
> Leider bin ich jedoch noch bis zum 30. November im Urlaub. Gäbe es eventuell die Möglichkeit, das Vorstellungsgespräch auf den 1. oder 2. Dezember zu verschieben?
> Ich danke Ihnen im Voraus für Ihr Verständnis und freue mich auf Ihre Antwort.
>
> Mit freundlichen Grüßen
> Niu Chang

4 1. nochmals, 2. angenehme, 3. weitere, 4. selbstverständlich, 5. jederzeit, 6. antreten

5 1c, 2f, 3d, 4g, 5b, 6e, 7a

Lösungen | I 33

C Interne Kommunikation am Arbeitsplatz

7 Schreiben an Kollegen und Vorgesetzte

1 1. zurückrufen, 2. wg., 3. Hallo zusammen, 4. Wird ca. 1 Stunde dauern, 5. Wer könnte die Mittagspause verschieben und, 6. VG, 7. liebe Kolleginnen und Kollegen, 8. ca. 2 Stunden dauern 9. Wer nicht teilnehmen kann, 10. Mit besten Grüßen

2 a) 3, b) 2, c) 1

3 1. Register, 2. kollegial, 3. Textsorten, 4. Notiz, 5. Abkürzungen

4 1. Fr., 2. Hr., 3. Hrn., 4. Art., 5. Fa., 6. KW, 7. Best.-Nr., 8. usw., 9. wg., 10. u. a., 11. asap, 12. o. Ä., 13. o., 14. bzgl., 15. LG, 16. VG

5 1. wg., 2. Best.-Nr., 3. Hrn., 4. Fa., 5. KW, 6. o., 7. KW, 8. asap, 9. usw., 10. LG/VG

8 Telefonnotiz

1 1. bis 17 Uhr, 2. genannt, 3. Anruf, 4. zusenden, 5. angerufen, 6. morgen, 7. zurückrufen

2 1. wer, 2. wann, 3. worum, 4. was, 5. wann, 6. bis wann, 7. für wen

3 1. Anruf Petra Klotz (Fa. Holzbau), bitte Fehler in Rechnung P-29078 korrigieren: Position 3, Menge muss 10 statt 100 sein.
2. Anruf Werner Pieper, Absage Termin heute 16 Uhr wg. Krankheit. Will auf übermorgen 16 Uhr verschieben, bittet um Rückruf.

9 Aufforderung, Bitte und Anfrage

1 1. Könnten Sie bitte Frau Thal anrufen? 2. Welche Uhrzeit schlägst du für unseren Termin bezüglich der Vertragsverlängerung am Mittwoch vor? 3. Bitte rufen Sie Herrn Schneider wegen der Beratung bezüglich der Altersvorsorge am Donnerstag zwischen 11 und 12 Uhr an.

2 1.
> Hallo Tina! Brauche Hilfe mit der neuen Software. Hilfst du mir bitte? LG

2.
> Lieber Tom,
> kannst du am Freitag deinen Dienst mit mir tauschen? Ich möchte mir freinehmen. Gib mir doch bitte schnell Bescheid.
> Danke und liebe Grüße

3.
> Liebe Marie, würdest du mir bei der Organisation des Sommerfestes helfen? Wenn ja, sollten wir uns bald für eine Besprechung treffen. VG

4.
> Liebe Kolleginnen und Kollegen,
> da gerade viele Aufträge anstehen und einiges zu tun ist, möchte ich Sie bitten, in der nächsten Woche länger zu arbeiten. Bitte geben Sie mir eine kurze Rückmeldung, ob das für Sie möglich ist.
> Mit freundlichen Grüßen

3 1. bei dem unsere neue Produktlinie vorgestellt werden soll, 2. soll nach Möglichkeit um 10 Uhr beginnen, 3. Wir werden voraussichtlich 10 Teilnehmer sein und benötigen, 4. ob ein passender Raum und die Ausstattung zur Verfügung stehen

4
> **Betreff:** Anfrage Besprechungsraum
> Liebe Frau Thomas,
> wir planen für nächste Woche Dienstag eine Konferenz und brauchen einen Besprechungsraum von 14 bis 17 Uhr. Voraussichtlich werden wir 8 Personen sein und ein Whiteboard und einen Flipchart benötigen. Ist in diesem Zeitraum noch ein Konferenzraum frei? Es wäre außerdem schön, wenn wir um 15 Uhr Kaffee und Gebäck bekommen könnten.
> Bitte geben Sie mir schnellstmöglich eine kurze Rückmeldung.
> Vielen Dank.
> Mit freundlichem Gruß

10 Termine organisieren

1 1. am, 2. von, 3. bis, 4. für, 5. auf, 6. am, 7. um, 8. bei, 9. an, 10. am, 11. vor, 12. für, 13. zu

2 1. bis, 2. verlegen, 3. frühestens am, 4. bestätigen, 5. vergangenen, 6. nach, 7. nächste, 8. donnerstags

3
> **Betreff:** Einladung zum Geburtstagsumtrunk
> Liebe Kolleginnen und Kollegen,
> ich werde nächsten Mittwoch wieder ein Jahr älter und möchte euch aus diesem Anlass gerne zu einem kleinen Umtrunk in der Firma einladen. Wir treffen uns um 16 Uhr in der Küche auf Gang 3. Für Getränke und Kuchen ist gesorgt. Bitte gebt mir doch bis Freitag Bescheid, ob ihr kommen könnt, damit ich planen kann.
> Viele Grüße

D Kommunikation in Arbeitsprozessen

11 Tagesordnung

1 1. Datum, 2. Nominalisierungen, 3. Präpositionen, 4. TOP, 5. Priorität, 6. Sonstiges

2 2. Rückgang der Verkaufszahlen, 3. Planung: Umzug in neues Büro, 4. Präsentation neuer Geräte, 5. Softwareumstellung, 6. Diskussion: Anschaffung neuer Möbel

3
> TO Treffen Außendienst
> 12.04.20.., 9–12 Uhr
>
> TOP 1: Präsentation Corporate Identity
> TOP 2: Anschaffung neuer Firmenwagen (für Außendienstmitarbeiter)
> TOP 3: Diskussion: Zusammenlegung der Bezirke
> TOP 4: Sonstiges

12 Protokoll

1 1. Protokoll, 2. Anwesend, 3. TOP 1, 4. Privatkunden, 5. Kapazitäten, 6. Gespräch

2 1. Namen, 2. abwesenden, 3. Protokollanten, 4. Tagesordnung, 5. Überschriften, 6. wichtigsten, 7. Ergebnisse, 8. Mitarbeiter, 9. Termine, 10. Kürzel

3
> **TOP 3: Social-Media-Fortbildung**
> ls: Abstimmung der Termine (April und Mai) bis Ende nächster Woche
> Themensammlung für Fortbildung bei nächster Besprechung.
> mk: Koordination der Ideensammlung für Fortbildung und Weiterleitung an Referentin, Reservierung Konferenzraum bis 31. März.

13 Folien für Präsentationen

1 1. Aufzählungspunkt, 2. Aufzählung, 3. Überschrift, 4. Diagrammtitel, 5. Legende, 6. Diagramm

2 a) 1. Prognose Verkaufszahlen, 2. Fazit
b) 3. Kommendes Jahr Anstieg um 20 %, 4. Marketing/Vertrieb stärken

3 1. groß genug, 2. Thema, 3. Überschriften, 4. Nummerierung, 5. Diagramm, 6. Füllwörter, 7. Sätze

4 1.
> **Aktuelle Mitarbeiterzahlen**
> - 38 Beschäftigte insgesamt
> - davon 27 in Voll- und 11 in Teilzeit

I 33 Lösungen

2.

> **Planung Mitarbeiterfortbildung**
> - 3 Inhouse-Maßnahmen im kommenden Quartal
> - Teilnahme für ein Drittel der Belegschaft
> - Themen: Projektmanagement, Buchführung, Finanzanalyse

5

> **Ergebnisse Marktanalyse**
> - Untersuchung von Marktgröße und Marktentwicklung
> - Analyse von Konkurrenzprodukten und Kunden (mittels Kundenumfrage)

14 Diskussionsvorlage

1 1. steht zur Diskussion, 2. im Folgenden, 3. dass, 4. letztlich, 5. weil, 6. dass, 7. Darüber hinaus, 8. überwiegen, 9. sodass

2 a) Thema, b) Einleitung, c) Vorteile, d) Nachteile, e) Zusammenfassung/Fazit

3 1. Thema, 2. Einleitung, 3. Vorteile, 4. Nachteile, 5. Fazit, 6. Empfehlung

4 a) 1. V, 2. N, 3. F/Z, 4. V, 5. V, 6. N
b) 1. Durch ein Großraumbüro ist ein schnellerer Informationsaustausch möglich. 2. Anders als im Einzelbüro hat man im Großraumbüro kaum Ruhe, sodass konzentriertes Arbeiten schwerfällt. 3. Trotz allem überwiegen die Vorteile gegenüber den Nachteilen, sodass ein Großraumbüro zu empfehlen ist. 4. Ein weiterer Vorteil des Großraumbüros ist die Tatsache, dass man sofort sieht, wer von den Kollegen da ist. 5. Darüber hinaus kann ein Großraumbüro flexibel genutzt werden, zum Beispiel sind darin auch größere Besprechungen möglich. 6. Ein Nachteil des Großraumbüros ist, dass man das Raumklima nicht individuell regulieren kann.

c)
> **Diskussionsvorlage: Großraum- oder Einzelbüros?**
> Es steht zur Diskussion, ob es nach dem Umzug unserer Firma Großraum- oder Einzelbüros für unsere Mitarbeiter geben soll. Im Folgenden werden die wichtigsten Vor- und Nachteile von Großraumbüros dargelegt.
> Gegen Großraumbüros spricht, dass man kaum Ruhe hat, wodurch konzentriertes Arbeiten erschwert wird. Ähnlich kontraproduktiv wirkt der Umstand, dass man das Raumklima nicht individuell an das persönliche Kälte- und Wärmeempfinden anpassen kann. Beide Punkte beeinflussen die Arbeitsatmosphäre negativ und können die Motivation der Mitarbeiter verringern.
> Für ein Großraumbüro spricht die Möglichkeit eines schnelleren Informationsaustauschs. Außerdem sieht man immer sofort, wer von den Kollegen am Arbeitsplatz ist und wer nicht. Darüber hinaus kann ein Großraumbüro auch flexibel genutzt werden und zum Beispiel als Konferenzraum dienen.
> Meiner Meinung nach überwiegen die Vorteile, die ein Großraumbüro mit sich bringen würde (Informationsaustausch, flexible Nutzungsmöglichkeiten), sodass ich einen Umzug unserer Firma in Großraumbüros empfehlen möchte.

15 Bericht

1 1. eine Führung über das Betriebsgelände, 2. Produktionsanlagen besichtigen, 3. Instandhaltung der Anlagen informieren, 4. die Umstrukturierung der Tochterfirma, 5. die Präsentation

2 1. Wer, 2. Zeitraum, 3. Wo, 4. Was, 5. Zeitform, 6. Fazit, 7. Unterschrift

3

> **Bericht**
> über einen Arbeitstag im Reinigungsbetrieb
> Um 9 Uhr wurde ich für eine zweistündige Entrümpelung bei Firma Schneider eingesetzt, daran schloss sich um 11 Uhr eine Büroreinigung im Auftrag von Firma Lee für zwei Büroräume und ein Bad an.
> Nach der Mittagspause führten wir für die Grundconsult Immobilien GmbH eine Spezialreinigung von Fenstern und Treppenhaus durch und zu guter Letzt reinigten wir von 15 bis 16 Uhr das Firmenfahrzeug. Dabei bemerkten wir, dass die Inspektion des Wagens bald fällig wird.

16 Schaubild und Diagramm

1 1. um 11% gestiegen, 2. während, 3. um 8% gefallen, 4. wohingegen, 5. um die Hälfte zurückgegangen, 6. ein Rückgang

2 1e, 2g, 3d, 4b, 5a, 6c, 7f

3

> **Geschäftsbericht**
> Die Umsätze sind im Quartal IV im Vergleich zum vorherigen Quartal in fast allen Bereichen angestiegen: Die Verkaufszahlen für Obst sind um 3 % gestiegen, Fleisch und Wurstwaren können ein Plus von 1 % verzeichnen und der Umsatz für Fisch und Meeresfrüchte hat sich sogar verdoppelt.
> Den größten Anteil am Gesamtumsatz hat nach wie vor das Gemüse mit 18,5%. Einzig die Umsätze für den Verkauf von Obst sind leicht zurückgegangen und um 1,5 % gefallen, machen aber nach wie vor den zweitgrößten Anteil am Gesamtumsatz aus.
> Der Rückgang der Verkaufszahlen für Obst kann mit einer Verschiebung der Kundenpräferenzen zugunsten von Gemüse erklärt werden und stellt deshalb kein Problem für unser Geschäft dar.

E Probleme in der Firma

17 Probleme formulieren

1 1g, 2j, 3f, 4d, 5e, 6c, 7a, 8i, 9b, 10h

2 1. zusammenfassen, 2. sachlich, 3. Vorwürfe, 4. konstruktive, 5. Lösung, 6. besprechen

3 1. Mir ist in letzter Zeit aufgefallen, dass …, 2. Ich schlage vor, dass …

4 1. ich habe gesehen, dass … 2. Wie wäre es, wenn … / Was hältst du davon, wenn …

5 Das Büro ist sehr unordentlich, auf dem Schreibtisch liegen Ordner und Papiere herum. Das Chaos ist peinlich vor Kollegen und vor allem vor Kunden. Der Schreibtisch müsste unbedingt regelmäßig aufgeräumt werden.

6
> Lieber Ahmad,
> heute waren zwei Kunden im Laden, um ihre reparierten Geräte abzuholen. Leider waren die Geräte aber nicht im Abholfach und ich konnte sie wegen des Chaos auch sonst nirgendwo finden. Das ist in den letzten Wochen schon häufiger passiert und ich bin wirklich verärgert, zumal das vor den Kunden sehr unangenehm ist.
> Was hältst du davon, wenn wir am Freitag zusammen essen gehen und besprechen, wie wir mit dem Problem umgehen?
> Bitte gib mir Bescheid, ob der Termin bei dir passt.
> Viele Grüße

Lösungen

7 1. ja, 2. wichtig, 3. jedoch, 4. gefragt, 5. Vielleicht, 6. möchte, 7. bitten, 8. Verfügung

8 1. Vielleicht könnten wir gemeinsam besprechen, wie ich meine Überstunden abbauen kann. 2. Könnten Sie mich bitte nächste Woche für die Spätschicht einteilen? 3. Vielleicht könnten wir in der nächsten Teambesprechung die Aufgaben in dem neuen Projekt verteilen.

9 Sehr geehrte Frau Reiß,

in den letzten Wochen habe ich mich häufig durch den Lärm in unserem Büro gestört gefühlt. Einige Kolleginnen und Kollegen telefonieren sehr oft und sehr laut. Manche bleiben während der Arbeitspausen im Büro und unterhalten sich dann lautstark.
Bei dem Lärm kann ich mich schlecht konzentrieren und abends gehe ich oft mit Kopfschmerzen nach Hause. Ich habe auch mit anderen Kollegen gesprochen, die sich ebenfalls gestört fühlen.
Vielleicht könnten wir in der nächsten Teambesprechung darüber reden, wie wir den Geräuschpegel im Büro reduzieren können. Was meinen Sie?

Mit freundlichen Grüßen

10 Sehr geehrte Damen und Herren,

wir wenden uns heute an Sie, weil es ein Problem mit der Pausenregelung gibt.
Es geht um Folgendes: Einige Kolleginnen und Kollegen machen zusätzliche Zigarettenpausen, die in der Zeiterfassung nicht verbucht werden. Zwei Kolleginnen aus dem Kundendienst machen beispielsweise täglich vier zehnminütige Zigarettenpausen – das sind 40 Minuten Pause zusätzlich jeden Tag! Sie können sich vorstellen, dass wir Nichtraucher uns da ungerecht behandelt fühlen. Als wir die Kolleginnen darauf angesprochen haben, haben sie sehr verärgert reagiert.
Wir möchten Sie darum bitten, uns zu beraten, damit wir schnell eine Lösung für das Problem finden.
Für ein persönliches Gespräch stehen wir gern zur Verfügung.

Mit freundlichen Grüßen
Rafael Lange

11 1. Vorgesetzten, 2. darstellen, 3. beteiligten, 4. Termin, 5. bitten

12 Sehr geehrte Damen und Herren,

wir wenden uns heute an Sie, weil es in unserer Abteilung in den letzten Monaten Probleme mit unserem Vorgesetzten gab. Herr Zöllner hat mehrmals die Produktionstermine festgelegt, ohne sie mit uns abzusprechen. Die Termine waren teilweise so eng, dass wir wochenlang Überstunden machen mussten, um rechtzeitig liefern zu können.
Da Herr Zöllner bisher wenig Verständnis für unsere Lage gezeigt hat, möchten wir nun Sie um Vermittlung bitten.
Für ein persönliches Gespräch stehen wir natürlich gern zur Verfügung.

Mit freundlichen Grüßen
Yann Okafor
und die Abteilung Produktion

18 Auf Kritik reagieren

1 a) <u>nicht angemessen</u>: a, c, f, i, k <u>Reihenfolge</u>: 1e, 2g, 3d, 4b, 5l, 6j, 7h
b) Entschuldigung, Schilderung des Problems

2 1. ernst nehmen, 2. entschuldigen, 3. verhalten, 4. vorschlagen

3 1. aufgefallen, 2. ansprechen, 3. schlage vor, 4. zusammensetzen, 5. vorzubereiten, 6. abzusprechen

4 Sehr geehrte Frau Rüdiger,

zunächst möchte ich mich für die unentschuldigten Fehlzeiten in den letzten Wochen entschuldigen. Meine Frau ist schwer erkrankt und liegt seit zwei Wochen im Krankenhaus, weshalb ich mich gerade allein um die Kinder und den Haushalt kümmern muss. Außerdem möchte ich natürlich auch meine Frau im Krankenhaus besuchen. Die ganze Situation überfordert mich im Moment ein bisschen. Es tut mir leid, dass ich noch nicht mit Ihnen darüber gesprochen habe.
Gern komme ich nächste Woche zu einem Gespräch in Ihr Büro. Dienstagvormittag habe ich aber schon einen Termin bei einem Kunden. Hätten Sie auch am Nachmittag Zeit?
Über eine kurze Nachricht würde ich mich freuen.

Mit freundlichen Grüßen
T. Schneider

19 Abmahnung

1 1. richtig, 2. falsch, 3. richtig, 4. falsch, 5. falsch

2 1. bewahren, 2. überstürzt, 3. wenden, 4. verfassen, 5. aufbewahrt, 6. festgelegt

3 1. Abmahnung, 2. behaupten, 3. Vorwürfe, 4. Verwarnung, 5. bestätigen, 6. Pflichten, 7. verstoßen

4 Berlin, 8. Januar 20..

Gegendarstellung zur Abmahnung vom 4. Januar 20..

Sehr geehrter Herr Proschka,

in der Abmahnung vom 4. Januar 20.. behaupten Sie, ich würde trotz mehrmaliger Verwarnungen dienstags und donnerstags 30 Minuten zu spät zur Arbeit erscheinen. Ich möchte diesen Vorwurf hiermit zurückweisen.
Bereits vor vier Wochen habe ich Frau Pini darüber informiert, dass ich wegen starker Rückenschmerzen zweimal pro Woche zur Physiotherapie gehen muss. Leider waren so kurzfristig nur Termine am Morgen frei. Meine Vorgesetzte weiß jedoch Bescheid, dass ich bis Mitte Februar dienstags und donnerstags erst um neun Uhr zur Arbeit komme.
Ihr Vorwurf, ich hätte gegen meine arbeitsvertraglichen Pflichten verstoßen, trifft daher nicht zu. Ich möchte Sie bitten, die Abmahnung aus meiner Personalakte zu entfernen.

Mit freundlichen Grüßen

F Kommunikation mit Geschäftspartnern und Kunden

20 Anfrage

1 a) 1. Bezug auf etwas nehmen (z. B. Werbung), 2. die eigene Firma vorstellen, 3. Anliegen nennen, 4. konkrete Fragen stellen, 5. Informationsmaterial anfordern, 6. um Antwort bitten, 7. sich vorab bedanken
b) 1. Bezug, 2. Anliegen, 3. stellen, 4. Informationsmaterial, 5. Antwort, 6. bedanken

2 a) 1. d, i; 2. a, e, g; 3. b, f; 4. h, j, l; 5. c, k, m
b) 1. Ihre E-Mail-Adresse habe ich von Frau Cen von der Firma XY erhalten. / Frau Cen war so freundlich, mir Ihren Namen zu geben / Einer unserer Geschäftspartner, die Firma XY, hat uns Ihre Kontaktdaten gegeben. 2. Ich komme auf unser Gespräch bei der „Electronica zurück. / Während Ihres Tags der offenen

33 Lösungen

Tür haben wir Ihr Sortiment kennengelernt. / Bei meiner Teilnahme an Ihrem Informationsabend hatte ich Gelegenheit, …. 3. Ihr Informationsmaterial haben wir dankend erhalten. / Wir haben im Generalanzeiger Ihre Annonce gelesen. / Ihr Inserat in der Neuen Zeitung hat mein Interesse geweckt. / In Ihren Prospekten haben wir gesehen, …

c) Sehr geehrte Frau Demirci,

auf der Frühjahrsmesse in München haben wir uns im Anschluss an die Präsentation Ihrer neuen Gartengeräte persönlich kennengelernt und ich möchte Ihnen zunächst noch einmal für das sehr nette Gespräch danken. Da wir Ihre Gartengeräte gerne in das Sortiment unseres Online-Shops aufnehmen möchten, möchte ich Sie hiermit um weitere Informationen bitten. Könnten Sie uns z. B. einen Katalog oder Prospekte mit weiteren Einzelheiten zu den Geräten zusenden?
Vielen Dank im Voraus.

Mit freundlichen Grüßen
Timo Pridik

3 a) 1. mitteilen, 2. gern, 3. möglich, 4. senden, 5. gewähren, 6. hoch, 7. außerdem, 8. nennen, 9. freuen, 10. aktuelle
b) a 10, b 5, c 1, d 6, e 9

c) Sehr geehrte Damen und Herren,

mit großem Interesse haben wir Ihren Prospekt gelesen. Wir benötigen demnächst eine neue Einbauküche und haben folgende Fragen: Wäre es für Sie möglich, die Küche innerhalb von acht Wochen zu liefern? Wie hoch sind die Transportkosten? Ich wüsste außerdem gerne, ob Sie Rabatte gewähren können.
Für eine Beantwortung der Fragen bedanke ich mich herzlich im Voraus.

Mit freundlichen Grüßen

21 Informieren

1 1. Interesse, 2. Dienstleistungen, 3. Informationen, 4. Angebot, 5. buchen, 6. erhalten, 7. Rabatt, 8. freuen, 9. unterstützen, 10. Fragen, 11. Verfügung

2 1. bedanken, 2. gewünschte, 3. hinweisen, 4. stehen, 5. Zusammenarbeit

3 a) über, b) an, c) Dank, d) Anfrage, e) danken, f) gewünscht, g) dankend, h) geben, i) zu

4 1. Dank, 2. Anfrage, 3. gewünscht, 4. geben, 5. zu

5 Brief: 1, 3, 5, 6, 7, 8, 9, 10; E-Mail: 1, 2, 3, 4, 6, 7, 8, 9

6 Sehr geehrter Herr Rehmann,

vielen Dank für Ihre Anfrage. Gerne beantworten wir Ihre Fragen.
Die Lieferfrist beträgt für Normmaße 14 Tage, sonst vier bis sechs Wochen. Ab 1000 € Auftragswert ist die Lieferung frei Haus. Leider können wir Ihnen keine Rabatte gewähren, hierfür bitten wir um Verständnis.
Das aktuelle Preisverzeichnis haben wir dieser E-Mail als PDF beigefügt.
Wir hoffen, Ihnen mit diesen Informationen weitergeholfen zu haben, und stehen für weitere Fragen gerne zur Verfügung.

Mit freundlichen Grüßen

7 Sehr geehrter Herr Nguyen,

vielen Dank für Ihre Anfrage und Ihr Interesse an unseren Dienstleistungen. Gerne beantworten wir Ihre Fragen.
Für die Reinigung der Lagerhallen empfehlen wir ein Intervall von 14 Tagen, die Büroräume sollten täglich gereinigt werden. Fahrzeuge reinigen wir leider nicht, jedoch Gebäude aller Art von innen und außen. Die Reinigung mit umweltfreundlichen Reinigungsmitteln bieten wir gegen Aufpreis an. Diese sowie weitere Leistungen finden Sie auch in der Preisliste, die wir dieser E-Mail beigefügt haben.
Für weitere Fragen stehen wir gerne zur Verfügung und würden uns freuen, Sie als neuen Kunden begrüßen zu dürfen.

Mit freundlichen Grüßen

22 Termine

1 1. eingerichtet, 2. abzustimmen, 3. markiert, 4. bestätigen

2 Sehr geehrte Damen und Herren,
liebe Kolleginnen und Kollegen,

gerne möchten wir Sie zur Präsentation unserer Produkte in unsere Firma einladen. Damit möglichst viele von Ihnen kommen können, stellen wir mehrere Termine zur Auswahl: 12. Mai, 16. Mai, 20. Mai, jeweils von 10:00 bis 12:00 Uhr. Bitte teilen Sie uns kurz mit, wann sie zu unserer Präsentation kommen können. Vielen Dank im Voraus.

Mit freundlichen Grüßen

3 a) wahrnehmen, b) Termin, c) an, d) verlegen, e) verschieben, f) absagen

4 Sehr geehrte Frau Welke,

gerne nehme ich an Ihrem Tag der offenen Tür teil. Vielen Dank für die Einladung.
Ich bringe zwei meiner Kollegen mit, und wir nehmen auch gerne die Einladung zum Abendessen an.

Mit freundlichen Grüßen

5 a1, b1, c2, d2, e1, f2, g2, h2, i1, j1

6 Sehr geehrter Herr Hauser,

leider kann ich nicht wie geplant zur Technikmesse nach Berlin kommen.
An meiner Stelle wird meine Kollegin, Frau Pia Halkonen, unsere Firma auf der Messe vertreten. Ich möchte Sie daher bitten, das neue Projekt mit ihr an unserem Messestand zu besprechen.
Ich bedaure, dass ich unseren Gesprächstermin so kurzfristig absagen muss, und hoffe auf Ihr Verständnis. Wir freuen uns, Sie an unserem Messestand begrüßen zu dürfen.

Mit freundlichen Grüßen

7 Sehr geehrte Frau Kramer,

leider bin ich seit heute Morgen krank und kann daher morgen nicht wie geplant die Ergebnisse der Kundenumfrage in unserer Teambesprechung vorstellen. Gerne präsentiere ich die Ergebnisse an einem anderen Tag. Den genauen Termin können wir gerne besprechen, sobald ich weiß, wann ich wieder arbeiten kann. Ich hoffe auf Ihr Verständnis.

Mit freundlichen Grüßen

23 Reservierung

1 1. Räume, 2. reservieren, 3. Tagungsräume, 4. inkl., 5. Cateringpaket, 6. Pro Person, 7. vereinbart, 8. unter Angabe

2 1. reserviere, 2. für, 3. Doppelzimmer, 4. vom, 5. Verpflegung, 6. vereinbart, 7. Angabe

3

> Sehr geehrte Frau Haber,
>
> hiermit reserviere ich in Ihrem Hotel für die Nacht vom 3. auf den 4. Februar ein Doppelzimmer sowie drei Einzelzimmer, jeweils inklusive Halbpension, zum vereinbarten Preis von 75 € pro Person.
> Ich bitte um eine schriftliche Bestätigung der Reservierung.
>
> Vielen Dank im Voraus.
> Mit freundlichen Grüßen

24 Angebot

1 a) 1. Mengenrabatt, 2. Zahlungsbedingungen, 3. Lieferfrist, 4. Kostenvoranschlag
b) 1. suchen, 2. liefert, 3. zeitgleiche, 4. möglich, 5. wünschen, 6. angeboten, 7. abschließen, 8. informieren, 9. bitten, 10. stehen

c)
> Sehr geehrte Damen und Herren,
>
> hiermit bitten wir Sie um ein Angebot für ein Catering. Wir benötigen für unsere Veranstaltungen wöchentlich ca. 500 Brezeln. Optimal wäre es, wenn Sie die Brezeln zu verschiedenen Veranstaltungsorten liefern könnten. Wäre das möglich? Darüber hinaus bitten wir Sie, uns Informationen zu Ihren Zahlungsbedingungen zu geben. Können Sie uns einen Mengenrabatt anbieten?
> Vielen Dank im Voraus für die Beantwortung unserer Fragen und das Erstellen eines Angebots.
>
> Mit freundlichen Grüßen

2 a) 1a, 2c, 3c, 4c, 5a, 6a, 7b, 8c, 9b

b)
> Sehr geehrte Frau Schaller,
>
> vielen Dank für Ihre Anfrage. Gerne erstellen wir ein Angebot für die von Ihnen gewünschten Büromaterialien, brauchen aber zunächst weitere Informationen. Könnten Sie uns die Bestellnummer für das gewünschte Papier angeben? Bitte teilen Sie uns außerdem die gewünschte Anzahl von Kugelschreibern mit. Selbstverständlich stehen wir auch für weitere Fragen und Wünsche jederzeit zur Verfügung.
>
> Mit freundlichen Grüßen

c) 1 Anzahl/Menge, 2 Artikelbezeichnung, 3 Preis, 4, weitere Spezifikationen, 5. Artikelnummer, 6. Liefer- und Zahlungsbedingungen, 7. Gültigkeit
d) 4, 3, 1, 2, 5, 8, 6, 7; Tabelle nach Satz 2.

e)
> Sehr geehrte Damen und Herren,
>
> vielen Dank für Ihre Anfrage. Gerne unterbreiten wir Ihnen für die gewünschten Artikel das folgende Angebot:
>
> | Menge | Artikel | Artikelnr. | Einzelpreis | Gesamtpreis |
> |---|---|---|---|---|
> | 50 Stck. | Alubleche | 0029-AL | 4,99 € | 249,50 € |
> | 30 Stck. | Kupferbleche | 179-KU | 8,99 € | 269,70 € |
> | 100 m | Kupferkabel (0,3 mm) | 1227-3-KUK | 0,40 €/m | 40,00 € |
> | Netto-Gesamtpreis (zzgl. 19 % USt) | | | | 559,20 € |
>
> Bei den Alublechen gibt es derzeit leider einen Lieferengpass, daher ist die Lieferung erst in zwölf Wochen möglich. Die Kupferbleche sowie Kupferkabel könnten in drei Wochen geliefert werden. Wenn Sie uns innerhalb der nächsten sieben Tage den Auftrag erteilen, können wir Ihnen einen Rabatt von 5 % auf den Gesamtpreis gewähren.
> Die Lieferung der Waren ist innerhalb Deutschlands frei Haus.
> Unser Angebot ist 14 Tage gültig.
>
> Wir hoffen, dass Ihnen unser Angebot zusagt, und freuen uns auf Ihre Nachricht.
>
> Mit freundlichen Grüßen

3 a) 1 aufgeben, 2 annehmen, 3 erteilen, 4 bitten, 5 bestätigen, 6 beziehen
b) 1. beziehen, 2. annehmen, 3. bitten

4
> Sehr geehrte Damen und Herren,
>
> falls möglich, möchten wir die o. g. Bestellung wie folgt ändern: Statt 1.500 Umschläge in DIN A4 (Bestellnr. 5004) bestellen wir nur 1000 Umschläge.
>
> Bitte bestätigen Sie uns die Änderung kurz schriftlich.
>
> Mit freundlichen Grüßen
> Karel Pawlow

5 1b, 2c, 3b, 4c, 5b, 6c, 7c, 8b, 9b, 10a

6
> Sehr geehrter Herr Pawlow,
>
> gerne bestätigen wir die Änderung Ihrer Bestellung H745 wie folgt:
> 1000 Umschläge DIN A4 (Bestellnr. 5004)
>
> Wir danken Ihnen nochmals für Ihren Auftrag.
>
> Mit freundlichen Grüßen

25 Zahlungserinnerung/Mahnung

1 1. Zahlungserinnerung, 2. entgangen, 3. beglichen, 4. überprüfen, 5. überweisen, 6. veranlasst

2 1d, 2b, 3f, 4c, 5g, 6a, 7e

3
> Sehr geehrte Damen und Herren,
>
> sicher ist Ihrer Aufmerksamkeit entgangen, dass die Rechnung M-67923-0001 noch nicht beglichen wurde. Wir bitten Sie, den fälligen Betrag in Höhe von 698 € innerhalb von zehn Tagen zu überweisen. Sollten Sie die Zahlung bereits veranlasst haben, ist dieses Schreiben selbstverständlich gegenstandslos.
> Für Rückfragen stehen wir jederzeit gerne zur Verfügung.
>
> Mit freundlichen Grüßen

26 Reklamation

1 1. über, 2. feststellen, 3. Fehllieferung, 4. Aufstellung, 5. unvollständig, 6. im Lieferverzug

2 1. Leider ist die Lieferung nicht bei uns angekommen. 2. Wir mussten feststellen, dass die Ware bei der Lieferung beschädigt wurde. 3. Leider funktionieren drei der zwölf gelieferten Geräte nicht. 4. Obwohl wir für die Express-Lieferung bezahlt haben, waren die Waren erst nach 5 Werktagen bei uns. 5. Wir mussten leider feststellen, dass statt der Farbe, die wir bestellt hatten, Tapeten geliefert wurden.

3 1. Bitte liefern Sie uns die fehlenden Waren innerhalb von fünf Werktagen. 2. Wir bitten Sie um eine zeitnahe Rückzahlung. 3. Bitte tauschen Sie die Ware um. 4. Wir möchten Sie bitten, die Ware zurückzunehmen. 5. Bitte reparieren Sie die beschädigten Geräte.

4 1. beschweren, 2. feststellen, 3. unvollständig, 4. fehlenden, 5. defekten

5 1. schriftlich, 2. Bestellnummer, 3. Liefertermin, 4. beschreiben, 5. Forderungen, 6. setzen

Lösungen

6

Betreff: Reklamation zu Lieferung Nr. UL-98098

Sehr geehrte Damen und Herren,

leider haben wir die o.g. Lieferung zwei Tage zu spät erhalten, obwohl wir extra den Express-Zuschlag gezahlt hatten.
Außerdem wurden statt 120 Autoreifen nur 98 geliefert.
Wir bitten um sofortige Nachlieferung der fehlenden Reifen sowie die Rückzahlung des Express-Zuschlags.

Mit freundlichen Grüßen
B. Godoy

7

Sehr geehrte Damen und Herren,

leider müssen wir bezüglich der von Ihnen durchgeführten Renovierungsarbeiten in unserer Wohnung folgende Mängel anzeigen:
Im Wohnzimmer ist die Farbe leider zu dunkel, hier hatten wir einen anderen Farbton gewählt. Die Tapete im Flur ist nicht fest und löst sich an mehreren Stellen von der Wand. Im Kinderzimmer wurden zwar die Wände gestrichen, aber nicht die Decke.

Wir bitten Sie darum, die genannten Mängel innerhalb von 14 Tagen zu beheben.

Mit freundlichen Grüß

G Kommunikation mit Ämtern, Behörden und Versicherungen

27 Schreiben an Ämter und Behörden

1 1. Referenz angeben, 2. formelle Anrede, 3. sich auf ein Schreiben beziehen, 4. auf Einhaltung der Frist verweisen, 5. um Bestätigung bitten, 6. formeller Gruß

2 1. Grußformel, 2. Sachbearbeiter, 3. Referenz, 4. Bezug, 5. sachlichen, 6. Bestätigung

3 1. einhalten, verlängern; 2. beantragen, vereinbaren; 3. entrichten, abführen, erheben, zahlen; 4. beantragen, 5. einhalten, vereinbaren; 6. entrichten, abführen, zahlen; 7. einreichen, nachreichen; 8. melden, 9. erheben, 10. stellen

4 1. Steuernummer, 2. Fristverlängerung, 3. beantrage, 4. Überlastung, 5. Abgabe, 6. schriftlich

6 (…) hiermit möchte ich Ihnen mitteilen, dass ich zum 1. September umziehen werde. Meine neue Adresse lautet: Hauptstraße 7, 90999 Waldburg. Bitte teilen Sie mir mit, ob sich durch den Umzug die Zuständigkeit des Finanzamts ändert. Für Rückfragen stehe ich gern zur Verfügung.

7

Betreff: Steuer-ID 123456, Belege über Fahrtkosten

Sehr geehrte Damen und Herren,

leider kann ich die Belege über Fahrtkosten nicht wie gewünscht innerhalb von sieben Tagen einreichen, da ich kommende Woche im Urlaub bin. Ich bitte deshalb um eine Frist von 14 Tagen.

Für Rückfragen stehe ich gerne telefonisch zur Verfügung und bedanke mich für Ihr Verständnis.

Mit freundlichen Grüßen

28 Schreiben an Versicherungen

1 1. hiermit teile ich Ihnen mit, 2. Zu dem Schaden kam es wie folgt, 3. wobei das Fahrrad schwer beschädigt wurde, 4. Fotos des Schadens sende ich Ihnen im Anhang, 5. Ich bitte Sie, 6. stehe ich selbstverständlich gern zur Verfügung

2 1. Versicherungsnummer, 2. zeitnah, 3. Schäden, 4. chronologisch 5. W-Fragen, 6. möglichst

3

Betreff: Versicherungsnr. ABC123, Schadenmeldung

Sehr geehrte Damen und Herren,

hiermit teile ich Ihnen mit, dass es am 14. März zu einem Schaden in meiner Küche gekommen ist.

Zu dem Schaden kam es wie folgt: Auf dem Herd stand eine Pfanne, in der sich Öl befand. Da der Herd noch an war, fing das Öl in der Pfanne an zu brennen. Ich bemerkte davon nichts, da ich kurz in die Waschküche gegangen war. Als ich zurück in die Wohnung kam, hatten die Flammen bereits auf die Hängeschränke und einige Küchengeräte übergegriffen. Mithilfe eines Feuerlöschers gelang es mir schnell, den Brand zu löschen. Neben den drei Hängeschränken über dem Herd, die Brandspuren davongetragen haben, sind die Kaffeemaschine und mein neuer Mixer nicht mehr benutzbar. Fotos des Schadens sowie die eingescannten Rechnungen der Schränke und Geräte sende ich Ihnen im Anhang. Ich bitte Sie, die entstandenen Schäden zu regulieren.

Für Rückfragen stehe ich selbstverständlich gerne zur Verfügung.

Mit freundlichen Grüßen

4 1. Snack Fabrik GmbH, Waldweg 13, 60780 Neuenburg; 4. Singh, Rami; 5. 17.09.1978; 7. Männlich, 8. indisch, 10. Nein; 11. - ; 13. GMKK, 20999 Hamburg; 14. Nein; 15. 03.05.20.., 10:45 Uhr; 16. Waldweg 13, 60780 Neuenburg; 17. Hr. Singh ist in der Produktionshalle ausgerutscht, mit dem rechten Arm an die Sortiermaschine gestoßen und ist dann mit dem Kopf auf den Boden aufgeschlagen. Die Angaben beruhen auf der Schilderung der versicherten Person. 18. rechter Arm, Kopf; 19. Hämatome, Schürfwunden, Gehirnerschütterung

29 Einspruch einlegen

1 1. hiermit, 2. weitere, 3. Begründung, 4. angeforderte, 5. richtig, 6. nochmals, 7. bestätigen, 8. prüfen

2

Sehr geehrter Herr Peters,

hiermit lege ich Einspruch gegen den Bescheid vom 14. August ein, mit dem Sie meinen Antrag auf eine Reha-Maßnahme ablehnen.
Begründung: Mein Hausarzt hat mir mitgeteilt, dass ich ohne eine entsprechende Reha-Maßnahme zukünftig eventuell nicht mehr Vollzeit arbeiten kann. Außerdem wird sich meine Genesung ohne Reha weiter verzögern und ich muss für längere Zeit krankgeschrieben werden, als dies mit Reha-Maßnahme der Fall wäre. Ich bitte Sie zu berücksichtigen, dass in diesen Fällen auch weitere Kosten auf die Krankenkasse zukämen. Vor diesem Hintergrund ist eine Reha-Maßnahme im Hinblick nicht nur auf meine Gesundheit, sondern auch auf meine Erwerbsfähigkeit und künftig entstehende Kosten eine sinnvolle Präventionsmaßnahme.

Ich bitte Sie daher, meinen Antrag nochmals zu prüfen.

Mit freundlichen Grüßen

H Prüfungstraining

30 Prüfungsaufgaben Schreiben B2+ Beruf

1

Betreff: Ihre Anfrage

Sehr geehrte Frau Kühnel,

wir bedanken uns für Ihr Interesse an unseren Dienstleistungen. Um ein detailliertes Angebot erstellen zu können, benötigen wir zunächst weitere Informationen zu Ihren Produkten. Könnten Sie uns Informationsmaterial zusenden? Gerne kommen wir auch zu einer Produktpräsentation in Ihr Haus, wenn das für Sie einfacher ist.

In unserem Angebot führen wir selbstverständlich alle gewünschten Leistungen einzeln auf. Es ist allerdings in der Regel günstiger, ein Gesamtpaket zu erwerben. Über die Details informieren wir Sie gern.

Grundsätzlich empfehlen wir in Ihrem Bereich, den Schwerpunkt auf Social Media zu setzen, da so heutzutage die meisten Werbekunden erreicht werden können. Wir verfügen auch in diesem Bereich über langjährige Erfahrung und können gerne Beispielkampagnen präsentieren.

Sobald wir die Produktinformationen erhalten, brauchen wir zwei Wochen, um erste Ideen für Ihre Kampagne auszuarbeiten. Auf dieser Grundlage können wir dann auch einen ersten Terminplan erstellen. Wenn wir die fehlenden Informationen noch diese Woche erhalten, könnten wir unsere Ideen beispielsweise am 29. März in Ihrer Firma präsentieren.

Wir freuen uns darauf, von Ihnen zu hören.

Mit freundlichen Grüßen

2

Sehr geehrter Herr Lampe,

im Auftrag von Frau Schmidt, die leider derzeit krank ist, bestätige ich den Termin. Frau Schmidt bittet Sie, als weiteren Tagesordnungspunkt das Firmenjubiläum aufzunehmen.
Die gewünschten Vorschläge bezüglich des Personalengpasses wird sie Ihnen bis zum 17. August zusenden.

Mit freundlichen Grüßen
i.A. ...

3

Betreff: Bitte um ein Angebot

Sehr geehrte Frau Baumeister,

wir beziehen uns auf Ihre Werbesendung, die wir dankend erhalten haben. Ihre Leistungen interessieren uns sehr und wir bitten Sie um ein Angebot für den Bau einer neuen Produktionshalle.

Die Halle soll eine Grundfläche von 30 × 40 m und eine lichte Höhe von 10 m haben. Der Zugang sollte auf allen vier Seiten durch Türen gewährleistet sein, darüber hinaus benötigen wir auf einer Seite ein Tor von 3,5 × 3,5 m für Zulieferer. Die Halle soll in massiver Bauweise ohne Keller errichtet werden und ein Flachdach haben.

Bezüglich des Trockenbaus wünschen wir eine Vorbereitung von Lüftungsschächten und Kabelkanälen. Es wäre schön, wenn Sie auch die Vermessung auf dem Grundstück sowie die Statik in Ihr Angebot aufnehmen könnten.

Optimal wäre es, wenn Sie die Vermessung bereits innerhalb der nächsten vier Wochen durchführen könnten, z. B. am 2. April. Hinsichtlich der Uhrzeit wären wir flexibel.

Könnten Sie uns zusammen mit dem Angebot bitte auch mitteilen, was der frühestmögliche Fertigstellungstermin wäre?

Wir danken Ihnen im Voraus und freuen uns auf Ihr Angebot.

Mit freundlichen Grüßen

4

Sehr geehrte Frau Kolb,

vielen Dank für die Auftragsbestätigung. Allerdings haben Sie sich beim Datum vertan: Wir hatten den 13. Mai ausgemacht, nicht den 12. Mai. Könnten Sie das bitte korrigieren?

Darüber hinaus haben sich leider noch zwei Änderungen ergeben: Wegen einer Dienstreise sind wir doch nur 45 Personen. Außerdem wünscht die Firmenleitung nun doch eine aufwendigere Tischdekoration und zusätzlich eine Dekoration des Raums. Könnten Sie das Angebot entsprechend anpassen und es uns noch einmal zuschicken? Wir bedanken uns ganz herzlich im Voraus.

Mit freundlichen Grüßen

31 Prüfungsaufgaben Schreiben B1-B2 Beruf

1

Betreff: Probleme mit der Anlage

Sehr geehrte Frau Marx,

wie Sie wissen, haben wir mit Ihrer Firma einen Wartungsvertrag für unsere Produktionsanlage abgeschlossen. Leider haben wir seit einigen Stunden größere Probleme mit der Anlage, die Temperatur der Öfen ist zu hoch und lässt sich nicht mehr nach unten regeln. Dadurch können wir im Augenblick natürlich nichts produzieren.
Wir haben bereits mehrfach versucht, Ihren Kundenservice telefonisch zu erreichen, was aber leider nicht möglich war. Entweder war besetzt oder wir haben die Rückmeldung erhalten, diese Nummer wäre nicht verfügbar. Darüber sind wir natürlich sehr verärgert, denn unter gutem Kundenservice stellen wir uns etwas anderes vor. Bitte melden Sie sich umgehend bei uns und senden Sie auch schnellstmöglich Techniker vorbei, die die Anlage reparieren.
Es ist für uns nicht nachvollziehbar, wie es überhaupt zu einem solchen Problem kommen kann, da die gesamte Produktionsanlage erst vor sechs Wochen von Ihnen gewartet wurde.
Wir hoffen auf eine rasche und zufriedenstellende Lösung der Probleme, anderenfalls müssten wir über eine Kündigung des Wartungsvertrags nachdenken.

Mit freundlichen Grüßen

2

Betreff: Re: Besprechung der Unternehmensziele am 10.9.

Sehr geehrte Frau Bauer,

Herr Schneider ist noch bis einschließlich 10. September in Urlaub, daher beantworte ich Ihre E-Mail in seinem Auftrag. Wegen des Urlaubs kann er natürlich auch nicht an der Besprechung teilnehmen. Wäre es sinnvoll, dass jemand anders aus unserer Abteilung daran teilnimmt? Dann versuche ich, Rücksprache mit Herrn Schneider zu halten. Für dringende Fälle habe ich seine private Handynummer.

Vielen Dank für eine kurze Rückmeldung.

Mit freundlichen Grüßen

Lösungen

3 **Betreff:** Bitte um ein Angebot

Sehr geehrte Damen und Herren,

wir sind eine Steuerkanzlei im Zentrum der Stadt und möchten noch in diesem Jahr unsere Kanzleiräume renovieren lassen. Hierfür bitten wir Sie um ein Angebot.

Die Kanzlei besteht aus insgesamt fünf Räumen: drei Büroräume, eine kleine Küche sowie ein kleines Badezimmer. Insgesamt handelt es sich um eine Fläche von 180 m², die Raumhöhe beträgt 2,80 m. In allen Räumen sollen die Wände neu tapeziert werden. Da die Büroräume farblich unterschiedlich gestaltet werden sollen, wäre es schön, wenn Sie für eine Beratung ins Haus kommen könnten. In den Büroräumen sollen außerdem neue Böden verlegt werden, optimal wäre unempfindliches Laminat.

Die Renovierung soll innerhalb der kommenden vier Monate durchgeführt werden. Wäre das Ihrerseits möglich?

Wir freuen uns auf Ihre Antwort und Ihr Angebot.

Mit freundlichen Grüßen

4 **Betreff:** Re: neue Teamleitung

Liebe Olga,

da Inge derzeit im Urlaub ist, antworte ich in ihrer Vertretung. Leider wird Inge auch am 25. März noch im Urlaub sein, sodass sie an dem Treffen nicht teilnehmen kann. Kann ich ihr die Informationen weitergeben, wenn sie wieder da ist?

Und noch eine Frage: Du hast geschrieben, dass es Änderungen der Arbeitsabläufe geben wird. Weißt du dazu schon Näheres? Ist das mit Änderungen der Arbeitszeiten oder der Schichteinteilung verbunden? Dann wäre es gut, wenn wir das möglichst früh erfahren würden, um planen zu können.

Ich danke dir sehr herzlich im Voraus für deine Antwort.

Viele Grüße

32 Prüfungsaufgaben Schreiben B2-C1 Beruf

1 **Betreff:** Buchungsanfrage

Sehr geehrte Damen und Herren,

während eines Messebesuchs vom 14. bis 17. Juni benötigen wir acht Einzelzimmer. Könnten Sie uns bitte die Preise sowie die Buchungskonditionen hierfür nennen? Haben Sie einen speziellen Firmentarif? Da wir häufiger Messen in der Umgebung besuchen, würden wir gegebenenfalls häufiger Zimmer in Ihrem Haus buchen.

Eine letzte Frage noch: Verfügt Ihr Hotel über einen Parkplatz bzw. eine Tiefgarage?

Für eine zeitnahe Antwort bedanke ich mich im Voraus.

Mit freundlichen Grüßen

2 **Betreff:** Probleme bei der Zustellung

Sehr geehrte Damen und Herren,

in den letzten Wochen haben wir vermehrt Rückmeldungen von Kunden erhalten, dass es bei der Lieferung unserer Produkte durch Ihr Unternehmen zu Problemen gekommen ist. Mehrfach wurde ein Termin nicht eingehalten, in einem Fall wurden die Produkte gar nicht zugestellt. Unsere Kunden sind darüber natürlich zu Recht verärgert und es ist bereits zu einer Stornierung eines Auftrags gekommen. Wir bitten Sie zum einen um eine Stellungnahme zu den genannten Problemen, zum anderen möchten wir Sie um eine verbindliche Zusage bitten, dass diese Probleme zukünftig nicht mehr auftreten werden. Anderenfalls müssten wir über eine Kündigung des Vertrags nachdenken.

Mit freundlichen Grüßen

3 Variante A

Diskussionsvorlage: Neubau oder Anmietung von Büroräumen?

Wie allen bekannt ist, gab es in der letzten Zeit des Öfteren Stromausfälle, die unsere Arbeit erheblich beeinträchtigt haben. Dieser Zustand ist auf Dauer nicht tragbar, weshalb wir über einen Umzug nachdenken. Zur Diskussion stehen entweder ein Neubau oder die Anmietung von Büroräumen am Stadtrand.

Die Option, ein Bürogebäude auf unserem eigenen Grundstück zu bauen, hat mehrere Vorteile: Zum einen können wir das Gebäude unseren Bedürfnissen anpassen und es so gestalten, wie es für unsere Arbeit am besten ist. Das führt natürlich zu effizienten Arbeitsabläufen und erleichtert vieles. Darüber hinaus liegt unser Grundstück im Zentrum der Stadt, sodass die Kunden uns weiterhin schnell erreichen können. Auch die Mitarbeiter können durch die verkehrsgünstige Lage schnell an ihrem Arbeitsplatz sein bzw. nach Hause gelangen. Ein Neubau ist aber auch mit Nachteilen verbunden, denn für den Bau müssten mindestens 18 Monate eingeplant werden, und bis zur Fertigstellung müssten wir weiterhin mit den Stromausfällen zurechtkommen.

Die Anmietung von Büroräumen wäre sofort möglich, was ein entscheidender Vorteil ist. Allerdings liegen die Büroräume am Rand der Stadt und sind daher mit öffentlichen Verkehrsmitteln nur schlecht zu erreichen, was die Anfahrt für viele Mitarbeiter, aber auch für die Kunden erschwert.

Dennoch plädiere ich insgesamt dafür, den Umzug möglichst schnell durchzuführen und Büroräume am Stadtrand anzumieten. Die Stromausfälle in der letzten Zeit haben auch das Betriebsklima negativ beeinflusst, da teilweise Arbeit doppelt erledigt werden musste, nachdem Daten durch den Stromverlust verloren gegangen waren. Dieser Zustand beeinträchtigt die Produktivität sehr und könnte weitere negative Folgen nach sich ziehen, nicht zuletzt den Wegfall von Kunden, wenn wir nicht mehr zuverlässig arbeiten können. Die schlechtere Verkehrsanbindung am Stadtrand ist aus meiner Sicht zu vernachlässigen, da wir nur wenig Publikumsverkehr haben, der zudem überwiegend mit dem eigenen Pkw anreist. Ich empfehle daher, die Anmietung von Büroräumen am Stadtrand möglichst zeitnah in die Wege zu leiten.

Variante B

Diskussionsvorlage: Neuanschaffung oder Leasingvertrag?

Für die Neuanschaffung von Maschinen stehen zwei Optionen zur Auswahl: Die Maschinen können für einen bestimmten Zeitraum geleast werden, d. h. wir mieten die Maschinen und zahlen dafür einen monatlichen oder jährlichen Betrag. In den Leasingverträgen wären auch die Wartungsverträge für die Maschinen enthalten. Diese

Option hat den Vorteil, dass wir uns um relativ wenig kümmern müssten: Sollten die Maschinen einmal nicht funktionieren, wäre die Leasingfirma dafür zuständig. Je nach Vertrag könnten wir so unseren Produktionsausfall gering halten oder ihn sogar ganz vermeiden. Der Nachteil dieses Modells ist, dass wir zwar monatlich einen relativ geringen Betrag zahlen, in der Summe jedoch mehr ausgeben als bei der Anschaffung einer Maschine und der Abschreibung über mehrere Jahre hinweg.

Die andere Option wäre daher, die Maschinen selbst zu kaufen, eventuell auch gebraucht, wobei die Wartung dann an eine andere Firma vergeben werden müsste. Der Vorteil dieses Modells besteht darin, dass die Maschinen der Firma gehören würden und wir sie bei guter Wartung auch über viele Jahre hinweg verwenden könnten. Der Nachteil besteht darin, dass wir uns zum einen um einen Anbieter für die Wartung bemühen müssen, was zeitaufwendig ist. Darüber hinaus hatten wir bislang noch keine externe Firma für die Wartung unter Vertrag genommen. Die Auswahl dieser Firma ist natürlich ein Risikofaktor. Wenn die Wartung nicht gut durchgeführt wird, könnte dies letztlich zu Produktionsausfällen führen.

Unter Abwägung aller Argumente halte ich die erste Option für sinnvoller. Das Leasen von Maschinen samt Abschluss eines Wartungsvertrags ist für uns wenig aufwendig und gewährleistet einen reibungslosen Produktionsablauf.

4 **Betreff:** Anfrage zu Firmenkleidung

Sehr geehrte Damen und Herren,

wir würden für unser Zahnlabor gern neue Firmenkleidung anschaffen. Wir benötigen zehn lange Kittel aus weißer Baumwolle, davon drei in der Größe M, drei in der Größe L und vier in der Größe XL.
Könnten Sie uns hierfür ein Angebot erstellen? Bieten Sie auch Rabatte an, wenn wir beispielsweise regelmäßig unsere Firmenkleidung bei Ihnen beziehen würden? Schließlich hätten wir auch gerne weitere Informationen zu Ihren Lieferbedingungen und Lieferfristen. Wir bräuchten die Kleidung relativ zeitnah, eine Lieferung innerhalb der nächsten sechs Wochen wäre optimal. Ist das aus Ihrer Sicht möglich?

Mit freundlichen Grüßen

5 **Betreff:** Probleme mit der Software

Sehr geehrte Damen und Herren,

wie Sie wissen, haben wir bei Ihnen vor Kurzem eine neue Software erworben. Leider ist das Programm in den letzten zwei Wochen mehrfach abgestürzt, wobei es auch zu Datenverlust kam. Das ist für uns natürlich mehr als ärgerlich. In einem Fall konnten die Daten zum Glück wiederhergestellt werden, in einem anderen Fall war die Arbeit von zwei Stunden schlicht verloren gegangen. Beim Erwerb der Software hatten sie uns versichert, dass diese extrem zuverlässig arbeitet, was uns sehr wichtig war. Können Sie uns ein Update anbieten, damit die Software schnellstmöglich zuverlässig arbeitet?

Bitte setzen Sie sich umgehend mit uns in Verbindung, um die Situation und die Lösungsmöglichkeiten zu besprechen.

Mit freundlichen Grüßen

6 Variante A

Diskussionsvorlage: Schulungen nur noch bei Kunden oder Firmenumzug?

Da der Mietvertrag für unsere Seminarräume nicht verlängert wurde, müssen wir nach einer anderen Lösung suchen, um weiterhin unsere Seminare anbieten zu können. Eine Möglichkeit wäre, Seminare zukünftig nur noch intern bei den Kunden durchzuführen. Diese Möglichkeit hat den Vorteil, dass wir nicht für häufig leer stehende Seminarräume zahlen müssen und zukünftig nur noch Lager und Büroräume anmieten müssten. Außerdem können wir die Kunden wahrscheinlich enger an uns binden, wenn wir regelmäßig bei Ihnen in der Firma zu Gast sind. Nicht zuletzt können wir dort auch gezielter auf die individuellen Bedürfnisse eingehen, zum Beispiel Gegebenheiten vor Ort berücksichtigen und uns selbst ein Bild von den Firmenstrukturen machen.
Allerdings haben nicht alle Kunden entsprechende Räumlichkeiten zur Verfügung, sodass wir möglicherweise Kunden verlieren würden. Und selbst wenn Kunden die Räumlichkeiten haben, könnte es für viele abschreckend sein, dass sie die Verantwortung für die Organisation und Durchführung der Veranstaltung übernehmen müssten.
Eine Alternative wäre es, Seminarräume in einem anderen Stadtteil anzumieten, wo die Mieten gegebenenfalls niedriger sind. Das würde den Umstand kompensieren, dass die Seminarräume immer wieder leer stehen, weil wir keine hundertprozentige Auslastung über das ganze Jahr erreichen können. Mit eigenen Seminarräumen bleibt unser bisheriges Angebot erhalten, und unsere Kunden können sich auch in Zukunft darauf verlassen, dass wir die Veranstaltungen von A bis Z organisieren und durchführen. Die Kunden hätten lediglich einen anderen Anfahrtsweg. Wichtig wäre natürlich, dass die neuen Räumlichkeiten so liegen, dass sie sowohl mit dem Auto als auch mit öffentlichen Verkehrsmitteln gut erreichbar sind. Auch müssen die Räumlichkeiten unseren Anforderungen entsprechen, zum Beispiel im Hinblick auf Größe, technische Ausstattung und Zugang zu Toiletten.
Wenn die neuen Räumlichkeiten alle Kriterien erfüllen würden, hätte diese Möglichkeit meines Erachtens keine Nachteile für uns. Unser Weiterbildungsbetrieb könnte reibungslos weitergeführt werden. Daher würde ich empfehlen, neue Seminarräume in einem anderen Stadtteil anzumieten.

Variante B

Diskussionsvorlage: Neuorientierung durch externe Berater oder interne Arbeitsgruppe?

Vor dem Hintergrund rückläufiger Umsatzzahlen ist es erforderlich, unsere Spezialisierung zu überdenken. Für die Analyse wäre es möglich, eine externe Unternehmensberatung zu beauftragen. Der Vorteil läge darin, dass hier professionelle Berater von außen auf unsere Firma und unsere Tätigkeiten schauen. Auch das Geschäftsfeld, in dem wir nun schon lange tätig sind, würden sie sich von außen nochmals neu anschauen und auch die entsprechenden Zahlen für diesen Bereich analysieren. Durch den frischen Blick könnten möglicherweise Aspekte in den Mittelpunkt rücken, die uns bislang entgangen sind. Darüber hinaus haben externe Berater auch einen Überblick über andere Branchen und über die aktuellen Bedürfnisse bzw. Trends für die nächsten Jahre. Daher könnten externe Berater sicher neue Betätigungsfelder für uns identifizieren. Andererseits sind externe Berater mit unseren Abläufen und den Möglichkeiten, die wir beispielsweise im Hinblick auf eine Umstrukturierung haben, nicht gut vertraut. Sie könnten möglicherweise

Vorschläge machen, die für uns nicht umsetzbar sind. Nicht zuletzt sind externe Berater auch relativ teuer. Es stellt sich die Frage, ob diese Investition gerade bei rückläufigen Umsatzzahlen sinnvoll ist.
Eine Alternative zu externen Beratern wäre eine interne Arbeitsgruppe. Hieran könnten langjährige Mitarbeiter aus verschiedenen Abteilungen teilnehmen, die unsere Firma, die Arbeitsabläufe sowie unsere Branche gut kennen. Hier würde natürlich der Blick von außen fehlen. Jedoch wären unsere Mitarbeiter selbstverständlich auch dazu in der Lage, sich einen Überblick über die aktuellen Trends zu verschaffen. Darüber hinaus könnte eine interne Arbeitsgruppe relativ kostengünstig arbeiten. Die Mitarbeiter würden für diese Zeit zwar von ihrer Tätigkeit freigestellt werden, es kämen jedoch keine zusätzlichen Kosten auf die Firma zu. Die Arbeit einer solchen internen Arbeitsgruppe müsste auf jeden Fall zeitlich begrenzt werden, damit man rasch zu einem Zwischenergebnis kommt.
Insgesamt würde ich zunächst die Einrichtung einer internen Arbeitsgruppe favorisieren.

Bildquellenverzeichnis:

6.1 Getty Images (blackred), München; **6.2** Getty Images (Boarding1Now), München; **6.3** Getty Images (baona), München; **9.1** Thinkstock (Kagenmi), München; **9.2** Getty Images (Southern Stock), München; **10** Getty Images (shironosov), München; **11** Getty Images (PeopleImages), München; **12.1** Getty Images (Portra), München; **12.2** Getty Images (Luis Alvarez), München; **13** Getty Images (FangXiaNuo), München; **14.1** Getty Images (Morsa Images), München; **14.2** Shutterstock (Krissadakorn), New York; **15** stock.adobe.com (pure-life-pictures), Dublin; **16** Getty Images (filistimlyanin), München; **18.1** Getty Images (Hero Images), München; **18.2** Getty Images (Juanmonino), München; **18.3** Getty Images (drbimages), München; **18.4** Getty Images (DMEPhotography), München; **19** stock.adobe.com (SimpLine), Dublin; **22** Getty Images (Compassionate Eye Foundation), München; **23** Getty Images (Michael H), München; **25.1** Thinkstock (Kagenmi), München; **25.2** Getty Images (sturti), München; **27.1** Getty Images (Miyuki Satake), München; **27.2** Getty Images (10';000 Hours), München; **28.1** Thinkstock (Kagenmi), München; **28.2** Getty Images (Compassionate Eye Foundation/Kelvin Murray), München; **28.3** Getty Images (stockcam), München; **28.4** Getty Images (EMS-FORSTER-PRODUCTIONS), München; **29** Getty Images (stockcam), München; **30.1** Getty Images (rilueda), München; **30.2** Getty Images (Andersen Ross Photography Inc), München; **32** Getty Images (Yuri_Arcurs), München; **33** Getty Images (Yuri_Arcurs), München; **35** Getty Images (Klaus Vedfelt), München; **37** Getty Images (JohnnyGreig), München; **38** Getty Images (Bill Oxford), München; **41** stock.adobe.com (photowahn), Dublin; **42** Getty Images (Jose Luis Pelaez Inc), München; **45** Getty Images (Todd Warnock), München; **46** Getty Images (volschenkh), München; **50** Getty Images (Germano Poli), München; **52.1** Getty Images (TARIK KIZILKAYA), München; **52.2** Getty Images (seb_ra), München; **53.1** Getty Images (Mordolff), München; **53.2** Getty Images (BSIP), München; **55** Getty Images (Guido Mieth), München; **56** Getty Images (s-cphoto), München; **58** Getty Images (deepblue4you), München; **59** Getty Images (mumininan), München; **60** Adobe Stock (VRD),; **61.1** Getty Images (ppart), München; **61.2** Getty Images (Sergey Peterman), München; **62** Adobe Stock (stadtratte),; **63** Getty Images (IgorKovalchuk), München; **64** Shutterstock (N-sky), New York; **66** Getty Images (Damir Khabirov), München; **67** Getty Images (damircudic), München; **68** Getty Images (Toa55), München; **69.1** stock.adobe.com (Jemastock), Dublin; **69.2** Getty Images (Gwengoat), München; **70** Getty Images (izusek), München; **75** Getty Images (Irina Karpinchik), München.

NOTIZEN

DEUTSCH INTENSIV Das Training.

Die Reihe zur gezielten Übung von Grammatik, Wortschatz und sprachlicher Fertigkeiten.

Schreiben

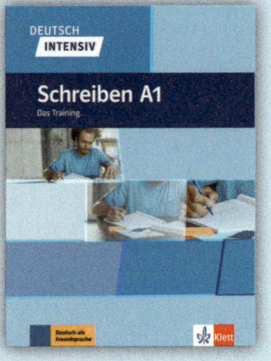

ISBN 978-3-12-675047-9

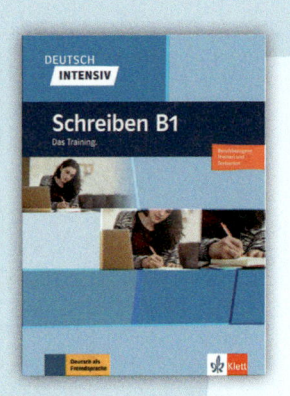

ISBN 978-3-12-675039-7

Hören und Sprechen

ISBN 978-3-12-675048-6

ISBN 978-3-12-675049-3

Grammatik

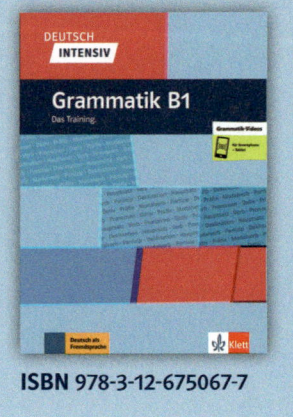

ISBN 978-3-12-675067-7

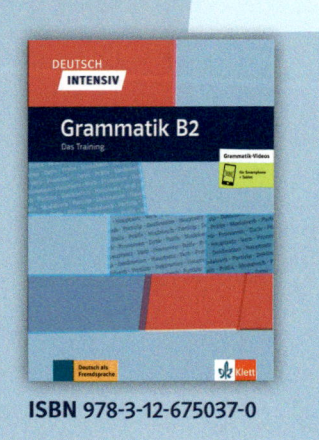

ISBN 978-3-12-675037-0

Wortschatz

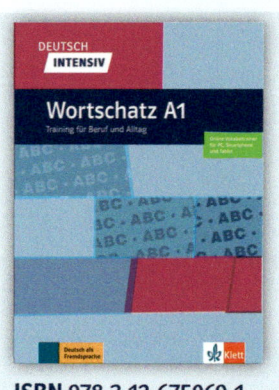

ISBN 978-3-12-675069-1

ISBN 978-3-12-675074-5

Alle Titel der Reihe „Deutsch intensiv" finden Sie hier:
www.klett-sprachen.de/deutsch-intensiv

Deutsch als Fremdsprache

Klett